本书由国家教育行政学院学术文库出版基金资助出版

# 公共安全视域下的
# 风险所有权及其治理机理研究

郝富军◎著

中国社会科学出版社

## 图书在版编目（CIP）数据

公共安全视域下的风险所有权及其治理机理研究 / 郝富军著 . —北京：中国社会科学出版社，2023.4
ISBN 978－7－5227－1000－6

Ⅰ.①公… Ⅱ.①郝… Ⅲ.①公共安全—安全管理—研究—中国 Ⅳ.①D630.8

中国国家版本馆 CIP 数据核字（2023）第 060039 号

| | |
|---|---|
| 出 版 人 | 赵剑英 |
| 责任编辑 | 李凯凯　彭　丽 |
| 责任校对 | 季　静 |
| 责任印制 | 王　超 |

| | |
|---|---|
| 出　　版 | 中国社会科学出版社 |
| 社　　址 | 北京鼓楼西大街甲 158 号 |
| 邮　　编 | 100720 |
| 网　　址 | http://www.csspw.cn |
| 发 行 部 | 010－84083685 |
| 门 市 部 | 010－84029450 |
| 经　　销 | 新华书店及其他书店 |
| 印　　刷 | 北京君升印刷有限公司 |
| 装　　订 | 廊坊市广阳区广增装订厂 |
| 版　　次 | 2023 年 4 月第 1 版 |
| 印　　次 | 2023 年 4 月第 1 次印刷 |
| 开　　本 | 710×1000　1/16 |
| 印　　张 | 14.25 |
| 字　　数 | 205 千字 |
| 定　　价 | 78.00 元 |

凡购买中国社会科学出版社图书，如有质量问题请与本社营销中心联系调换
电话：010－84083683
**版权所有　侵权必究**

# 前　言

本书选择"公共安全视域下的风险所有权及其治理机理"这样一个研究主题，主要是基于以下三个重要背景的考虑：

一是风险社会与当前公共安全形势的紧迫性复杂性。按照风险社会学家的论述，我们已经进入一个全球性风险社会，正在日益面对现代性系统地产生的风险和威胁。[①] 当前，从整个国际大环境看，百年未有之大变局和全球疫情蔓延等因素正在给世界公共安全带来重大挑战和高度不确定性的影响。现在，我们几乎每个人都能说出一些关于全球形势的不安全变化，感知全球变化对国家和自身周边生活带来的影响。从国内看，我国是世界上自然灾害最为严重的国家之一，灾害种类多，分布地域广，发生频率高，造成损失重。同时，我国各类事故隐患和安全风险交织叠加、易发多发，影响公共安全的因素日益增多，统筹发展和安全的任务十分艰巨。在我国，公共安全始终作为最基本的民生来巩固和保障。习近平总书记指出："对公共安全，我们必须增强忧患意识和责任意识，始终保持高度警觉，任何时候都不能麻痹大意。要充分认识维护公共安全的重要意义，牢记公共安全是最基本的民生的道理，自觉把维护公共安全放在维护最广大人民根本利益中来认识，放在贯彻落实总体国家安

---

[①] ［德］乌尔里希·贝克：《风险社会》，何博闻译，译林出版社2004年版，第15—16页。

全观中来思考，放在推进国家治理体系和治理能力现代化中来把握，努力为人民安居乐业、社会安定有序、国家长治久安编织全方位、立体化的公共安全网。"① 面对公共安全形势的紧迫性复杂性变化，公共安全理论界和管理界肩负着重大的使命和责任，应对维护公共安全的公共需求作出及时有效的回应，不断回答新的重大的理论问题和实践问题。

二是公共安全管理把能力发展作为重要导向。能力要求贯穿我国公共安全管理发展实践始终。新中国成立后，党和国家始终高度重视应急管理工作，我国应急管理体系不断调整和完善，应对自然灾害和生产事故灾害能力不断提高，成功应对了一次又一次重大突发事件，有效化解了一个又一个重大安全风险，创造了许多抢险救灾、应急管理的奇迹，我国应急管理体制机制在实践中充分展现出自己的特色和优势。党的十八届三中全会提出完善和发展中国特色社会主义制度，推进国家治理体系和治理能力现代化。习近平总书记指出："应急管理是国家治理体系和治理能力的重要组成部分，承担防范化解重大安全风险、及时应对处置各类灾害事故的重要职责，担负保护人民群众生命财产安全和维护社会稳定的重要使命。要发挥我国应急管理体系的特色和优势，借鉴国外应急管理有益做法，积极推进我国应急管理体系和能力现代化。"② 从西方发达国家公共安全和应急管理的发展实践看，能力导向也越来越凸显。由此看来，能力导向既是公共安全管理的经验共识，也是未来改革发展的主要趋势之一。因此，我们对公共安全能力的关注有必要提升到一个新高度，把能力作为认识、思考和深化公共安全研究的重要视角或主要议题之一。

三是公共治理理论的发展与反思。"从根本上说，治理对每个人

---

① 习近平：《牢固树立切实落实安全发展理念 确保广大人民群众生命财产安全》，《人民日报》2015年5月31日第1版。
② 习近平：《充分发挥我国应急管理体系特色和优势 积极推进我国应急管理体系和能力现代化》，《人民日报》2019年12月1日第1版。

都有益。"① 对这个观点的基本理解是：公共治理中的"公共"既包括治理可以实现公共利益，包含每个人的利益，即治理的"公共性"或"公共价值"；也包括公共治理强调每个人参与其中，即"公共参与性治理"。这在公共安全领域体现得尤为明显。实践证明，自救与公共救助相结合在应对公共灾害时最为有效。治理理论经过20多年的发展，越来越认识到对治理进行国家和社会的二分取向是不适当的，强调"没有政府的治理"在实践中遇到很多问题。"治理包含了诸多行动者，比如国家、市场行动者和公民社会行动者。现在问题的重点不在于由哪个行动者进行治理，而是行动者们如何进行合作治理或互动治理。"② 关于合作治理或互动治理，学界提出了很多有待研究的问题。笔者关注其中两个基础性问题：一是关于合作治理或互动治理的环境问题，如果缺少公共行动者所必需的社会条件、政治条件、文化条件等，互动治理实现起来很难，或者会因循自上而下的老路，为了实现目标而更加依赖权威或者甚至是强制力量；二是应对合作治理或互动治理的机制、方式等作出基本的分类，解释其基本原理和逻辑。反映在公共安全领域，就是探讨公共安全合作治理或互动治理何以实现、如何进行以及结果如何。

那么，本书讨论的核心概念"风险所有权"正适应了上述趋向。笔者对风险所有权的定义是：风险所有权是风险社会意义下多个社会主体在公共安全管理中的责任形态，是一种以责任为基础的权利导向的新型责任框架。从所有权内容看，风险管理活动、管理行为或管理过程体现为风险占有权、使用权、处置权、收益权等所有权权利；从所有权关系看，风险所有权关系表现为公共安全权利导向和公共安全合作的权利性管理关系。这个定义的基础是风险社会情境和管理主体

---

① B. Guy Peters, "Is Governance for Everybody?" *Policy and Society*, Vol. 33, No. 4, December 2014, pp. 301 – 306.
② B. Guy Peters, "Is Governance for Everybody?" *Policy and Society*, Vol. 33, No. 4, December 2014, pp. 301 – 306.

的反思理性。在风险社会中，社会主体具备了反思理性。借鉴风险社会学的概念定义，书中对管理主体的反思理性设定是：在风险社会意义下，社会中的主体普遍具有风险意识、拥有一定风险资源并有能力感知风险，在行动上既注意通过反思和限制自身行为来减少风险产生，又善于通过反思性合作共同应对公共安全风险。风险社会意义下管理主体的反思理性是一种积极性的反思理性，而且由于反思的普遍性，这种反思理性在属性上是一种社会公共理性，指向公共安全价值。反思理性突出的是主体之间的公共安全合作导向。笔者认为风险所有权定义的最重要价值，在于其提供了公共安全管理关系或公共安全管理责任配置关系的一种新可能。由于定义情境设定为风险社会并且风险主体具有反思理性，在责任问题业已解决的基础上，管理活动配置的责任规则逐渐淡化，对权利的强调明显强化，这样在配置关系中责任性的一面处在隐性位置，权利则由原来的隐性位置转到显性的位置，表现出导向性的特征。把对权利的强调、权能的提升放在首要位置，配置逻辑实现了结构性转换，所有权关系由责任性管理关系转换到基于所有权的权利性管理关系。从而使得公共安全管理关系有希望远离冲突与限制的范畴，建立在公共合作的基础之上。

围绕风险所有权，本书研究内容由三大部分组成：第一部分包括第一章至第三章，通过风险所有权的国内外相关文献和基础理论分析，在风险社会公共安全视域下构建风险所有权概念；第二部分为第四章，在风险所有权概念结构基础上，通过分析公共安全管理关系演化过程，从"风险—所有者—所有权"三个维度、"生成—复合—迭代"三个阶段，构建风险所有权演化的基本模型；第三部分包括第五章至第六章，从风险所有权演化机理分析公共安全治理的基本机理，指出公共安全治理存在内部机理、外部机理和互动机理三种基本机理。讨论如何根据基本机理制定公共安全治理政策，提出诸如聚焦公共安全治理社会化和法治化、创设反思理性生成的基本条件，细化和完善风险所有权权利、强化公共安全合作关系，预测风险、所有者以及所有权的动态变化、主动调适和完善治理政策等对策建议。并从应用层面探讨风险所有权作为管理工具的实施过程和基本方法。在研究过程中，书中综合运用了文献分析、理论论证、比较研究、案例分析等研究方法。

本书的研究希望在理论上为公共安全研究引入风险所有权这一新的概念视角。同时，从风险所有权视角揭示公共安全治理的基本机理，期待能帮助加深对公共安全治理的认识和思考。在实践中，风险所有权可作为一种新的管理工具，从其概念结构出发可提供新的公共安全问题分析框架，从其演化机理出发可提供公共安全治理政策设计的基本原理，这或有助于管理部门和社会推进公共安全治理，不断提升国家公共安全水平。

风险所有权是公共安全领域的一个新生概念和新兴研究领域。本书对风险所有权的学理建构和实践分析只是初步的，书中对相关问题的探讨难免有疏漏之处，研究仍有许多未尽之处，还望方家指正。也热切期待公共安全学界以及对风险所有权感兴趣的研究者们，一起致力推进风险所有权的研究工作，为新时代建设高水平公共安全贡献智慧和力量。

# 目　录

导　论 …………………………………………………………（1）
 一　选题背景与研究意义 …………………………………（1）
 二　研究内容及结构 ………………………………………（8）
 三　技术路线与研究方法 …………………………………（11）
 四　主要概念及其界定 ……………………………………（13）

## 第一章　文献述评 …………………………………………（16）
### 第一节　有关公共安全的研究 ……………………………（16）
 一　公共安全研究的管理、社会和法律途径 ……………（17）
 二　公共安全研究的主体、形态、政策和整合视角 ……（24）
### 第二节　有关公共安全管理关系的研究 …………………（28）
 一　社会学视角 ……………………………………………（28）
 二　法学视角 ………………………………………………（31）
 三　公共安全管理学视角 …………………………………（33）
### 第三节　有关风险所有权的研究 …………………………（42）
 一　国外研究文献及其观点 ………………………………（42）
 二　国内研究文献及其观点 ………………………………（43）
### 第四节　文献评价与分析 …………………………………（45）

## 第二章 相关基础理论分析 (47)
### 第一节 风险社会理论 (47)
一 贝克的"风险社会学说" (48)
二 吉登斯的"积极反思理性理论" (53)
三 道格拉斯的"风险文化理论" (54)
### 第二节 公共治理理论 (56)
一 公共治理的基本理论 (56)
二 治理失效理论 (60)
三 善治理论 (61)
### 第三节 所有权理论 (65)
一 法学上的所有权理论 (65)
二 经济学上的所有权理论 (67)
### 第四节 中国特色社会主义新时代公共安全理论 (71)
一 "党的领导论" (71)
二 "人民中心论" (72)
三 "总体安全观" (72)
四 "统筹发展和安全论" (73)
五 "全面治理论" (73)
六 "体制机制创新论" (74)
七 "基层重心论" (75)
八 "群众路线论" (75)
九 "安全能力论" (76)
### 小 结 (77)

## 第三章 风险所有权概念重构 (78)
### 第一节 风险所有权概念重构的必要性 (78)
一 风险所有权的现有定义 (78)

二　风险所有权定义的扩展 …………………………………… (82)
　第二节　风险所有权概念重构的逻辑 ………………………………… (85)
　　一　所有权要素的变化 ……………………………………… (86)
　　二　定义假设条件的松弛 …………………………………… (87)
　　三　公共安全管理关系的权利导向 ………………………… (91)
　第三节　风险所有权的新内涵 ………………………………………… (92)
　　一　风险所有权权利 ………………………………………… (92)
　　二　风险所有权关系 ………………………………………… (102)
　小　结 ……………………………………………………………………… (104)

**第四章　风险所有权演化模型构建** ……………………………………… (105)
　第一节　风险所有权和公共安全管理关系的关联性 ………………… (106)
　　一　风险所有权三种定义的内在统一性 …………………… (106)
　　二　风险所有权解释公共安全管理关系的一致逻辑 …… (107)
　第二节　公共安全管理关系演化过程 ………………………………… (110)
　　一　生成环节 ………………………………………………… (110)
　　二　复合环节 ………………………………………………… (113)
　　三　迭代环节 ………………………………………………… (114)
　第三节　风险所有权演化模型 ………………………………………… (122)
　　一　三个维度的演化 ………………………………………… (122)
　　二　三个阶段的演化 ………………………………………… (123)
　　三　基本演化模型 …………………………………………… (123)
　小　结 ……………………………………………………………………… (124)

**第五章　风险所有权治理机理分析** ……………………………………… (125)
　第一节　风险所有权的演化 …………………………………………… (125)
　　一　生成阶段 ………………………………………………… (125)

二　复合阶段 ……………………………………………（129）
　　三　迭代阶段 ……………………………………………（149）
第二节　公共安全治理的基本特征 ………………………（162）
　　一　内部特征 ……………………………………………（162）
　　二　外部特征 ……………………………………………（164）
　　三　动态特征 ……………………………………………（165）
第三节　公共安全治理机理 ………………………………（166）
　　一　内部机理 ……………………………………………（166）
　　二　外部机理 ……………………………………………（169）
　　三　互动机理 ……………………………………………（170）
小　结 ………………………………………………………（172）

## 第六章　风险所有权政策功能及工具 …………………（174）

第一节　风险所有权的政策功能 …………………………（174）
　　一　基于风险所有权的公共安全问题分析框架 ………（174）
　　二　基于风险所有权的公共安全治理政策设计原理 …（175）
　　三　基于风险所有权的公共安全治理政策 ……………（176）
第二节　风险所有权的工具 ………………………………（184）
　　一　公共安全管理中的风险所有权实践 ………………（184）
　　二　风险所有权工具的实施方法 ………………………（188）
小　结 ………………………………………………………（193）

**结　语** …………………………………………………（194）

**参考文献** ………………………………………………（199）

**后　记** …………………………………………………（215）

# 导　　论

## 一　选题背景与研究意义

统筹发展和安全是"十四五"时期我国经济社会发展的指导思想，实现高质量发展和高水平安全是摆在我们面前的重大工作主题。在当前新冠肺炎疫情和各种公共安全风险相互交织发展的形势下，全社会对经济社会健康持续发展和公共安全全面保障的需求进一步凸显，迫切期待公共安全学术界和管理界从理论和实践回应公共需求，提出高水平公共安全建设的新思路新办法新路径。

### （一）选题背景

1. 现实背景：公共安全是当前最为重大的公共问题之一

习近平总书记指出："随着我国社会主要矛盾变化和国际力量对比深刻调整，我国发展面临的内外部风险空前上升，必须增强忧患意识、坚持底线思维，随时准备应对更加复杂困难的局面。"[①] 党的十九届五中全会通过的《中共中央关于制定国民经济和社会发展第十四个五年规划和二〇三五年远景目标的建议》（以下简称《建议》）把安全问题摆在非常突出的位置，强调要把安全发展贯穿国家发展各领域

---

[①] 习近平：《把握新发展阶段　贯彻新发展理念　构建新发展格局》，《求是》2021年第9期。

和全过程。特别是自新冠肺炎疫情暴发以来，公共安全成为当前最为重大的公共问题之一。可以说，在整个世界百年未有之大变局影响推动下，我们面临着日益复杂多变的发展环境和风险挑战，当前公共安全形势比21世纪头十年要复杂更多，公众对公共安全需求迅速增长。这些新的而且是短期内激烈出现的变化，对公共安全管理工作提出了新的更高的要求，推动公共安全优先进入国家政策议程中。

党的十八大首次提出加强公共安全体系建设，加快形成源头治理、动态管理、应急处置相结合的社会管理机制。2014年4月15日，习近平总书记在中央国家安全委员会第一次会议上的重要讲话中指出："必须坚持总体国家安全观，以人民安全为宗旨，以政治安全为根本，以经济安全为基础，以军事、文化、社会安全为保障，以促进国际安全为依托，走出一条中国特色国家安全道路。"① 2015年5月29日，习近平总书记在主持中共中央政治局关于健全公共安全体系的第二十三次集体学习时发表重要讲话强调："公共安全连着千家万户，确保公共安全事关人民群众生命财产安全，事关改革发展稳定大局；要牢固树立安全发展理念，自觉把维护公共安全放在维护最广大人民根本利益中来认识，扎实做好公共安全工作，努力为人民安居乐业、社会安定有序、国家长治久安编织全方位、立体化的公共安全网。"② 2015年9月23日，习近平总书记对公共安全工作做出重要批示指出："主动适应新形势，切实增强风险意识，以提高人民群众安全感和满意度为目标，以理念、体制机制、方式手段创新为动力，完善立体化社会治安防控体系，切实提高维护公共安全能力水平，促进社会安定有序、国家长治久安。"③ 2015年10月29日，习近平总书记在党的

---

① 《习近平谈治国理政》第1卷，外文出版社2018年版，第200—201页。
② 习近平：《牢固树立切实落实安全发展理念　确保广大人民群众生命财产安全》，《人民日报》2015年5月31日第1版。
③ 习近平：《不断提高维护公共安全能力水平　努力建设平安中国》，《人民日报》2015年9月24日第1版。

# 导　论

十八届五中全会第二次全体会议上的重要讲话中指出："今后5年，可能是我国发展面临的各方面风险不断积累甚至集中显露的时期。我们面临的重大风险，既包括国内的经济、政治、意识形态、社会风险以及来自自然界的风险，也包括国际经济、政治、军事风险等。如果发生重大风险又扛不住，国家安全就可能面临重大威胁，全面建成小康社会进程就可能被迫中断。我们必须把防风险摆在突出位置，'图之于未萌，虑之于未有'，力争不出现重大风险或在出现重大风险时扛得住、过得去。"① 2015年12月20—21日，中央城市工作会议时隔37年后再一次召开，会议开篇就第一次明确把安全放在城市发展的第一位，要求必须把好城市发展的"安全关"。2017年，在党的十九大报告中，习近平总书记提出我国社会主要矛盾变化的重大科学判断和理论主张，对于当前和今后一段时间有效推进国家公共安全工作指明了方向和道路。习近平总书记指出："中国特色社会主义进入新时代，我国社会主要矛盾已经转化为人民日益增长的美好生活需要和不平衡不充分的发展之间的矛盾。"② 就公共安全这一社会领域中的有机组成部分来讲，公共安全领域的主要矛盾也转变为人民日益增长的公共安全需求和公共安全治理不平衡不充分发展的需要。2020年，党的十九届五中全会《建议》首次把统筹发展和安全纳入"十四五"时期我国经济社会发展的指导思想，明确作出统筹发展和安全、建设更高水平的平安中国的重大决策部署。2020年12月11日，习近平总书记在主持中共中央政治局第二十六次集体学习时发表重要讲话强调："坚持推进国家安全体系和能力现代化，坚持以改革创新为动力，加强法治思维，构建系统完备、科学规范、运行有效的国家安全制度体系，提高运用科学技术维护国家安全的能力，不断增强塑造国家安

---

① 习近平：《在党的十八届五中全会第二次全体会议上的讲话（节选）》，《求是》2016年第1期。
② 习近平：《决胜全面建成小康社会　夺取新时代中国特色社会主义伟大胜利——在中国共产党第十九次全国代表大会上的报告》，人民出版社2017年版，第11页。

全态势的能力。"① 因此，如何更有效地调动和凝聚多元风险主体参与公共安全治理，提高公共安全的"公共生产力水平"，最大限度地保障公共安全供给，以实现公共安全的公共性和普惠性，满足人民群众对公共安全的美好需求，使人民获得感、幸福感、安全感更加充实、更有保障、更可持续，这成为公共安全领域的最紧迫主题之一。

总结起来讲，公共安全领域的这些现实变化，使得加强公共安全的理论研究工作变得日益迫切，并且要求在理论上实现新的视角转换。总的来看：一是认识公共安全应站在新的社会本位的视角，公共安全是当前社会优先问题之一；二是认识公共安全应站在未来思维视角，公共安全管理是以风险为导向的全面安全管理，坚持把防范化解风险摆在突出位置，提高风险预见、预判能力，力争把可能带来重大风险的隐患发现和处置于萌芽状态；三是认识公共安全应坚持总体国家安全观指导，总体国家安全观作为坚持和发展中国特色社会主义的基本方略，要用总体国家安全观思想和理论指导公共安全。

2. 理论背景：公共安全治理研究是学术的前沿和热点

从公共安全理论研究看，公共安全治理已经成为学术研究的前沿和热点。相关统计数据显示②，近十年来有关公共安全治理的学术文献发表量增长了5倍多。这些文献及其成果共同地表现出若干新的研究特点，使得公共安全治理研究向纵深发展。主要有以下三方面的研究趋势：

一是对公共安全的研究不再完全局限于自然灾害、事故灾难、公共卫生和社会安全的特定突发事件管理情境中，而是放置在一个更为开放和广阔的研究环境中，即关注在公共风险社会背景下开展公共安全研究，更加突出公共治理的主题。

---

① 习近平：《坚持系统思维构建大安全格局　为建设社会主义现代化国家提供坚强保障》，《人民日报》2020年12月13日第1版。

② 笔者以"公共安全治理"为搜索主题词，对比2011年和2021年中国知网（CNKI）数据所得。

二是在公共安全治理的研究中，公共安全管理关系的探讨被作为一个重要视角。公共安全治理被认为是嵌入日常活动的过程，为此公共安全治理必须构建社会范围的"持续的制度"。这种制度构建必须根据公共安全演化和治理反馈的信息持续进行决策调整，以协调主体间的相互关系，优化社会资源在安全治理中的表现形态，从而形成一个贯穿整个安全生命周期的社会系统，以实现对安全治理的"积极建设"。① 这一"持续的制度"表现为公共安全治理权力结构。② 在权力结构上，除政府之外，各种社会组织及公民个体都在公共安全治理的结构中同时拥有权力、能力和责任，形成一种权力、能力与责任的匹配、对等、制度化、常规化的多元治理结构。这是一种以公共利益为目标的公共合作过程——国家在这一过程中起到了关键但不一定是支配性的作用。③ 这种结构将成员组织各自的核心优势经过主动优化、选择搭配，相互之间以最合理的结构形式结合而形成一个相互优势互补匹配、上下联动、协同应对的有机体。学界认为，在这样一种新的公共治理关系而非传统的公共安全管理思想理论基础上开展公共安全治理研究，将会重建公共风险社会背景下政府的合法性、社会公共理性和公共责任机制，并将有助于获得对公共安全治理全面的和本质性的认识。④

三是对公共安全治理研究的重点已经不再停留在是否需要治理上，而是什么是公共安全治理以及何以实现公共安全治理等议题，是有关公共安全治理的深层探讨，其核心和本质是对于公共安全治理机理的探索。学界认为，如何建立一套对风险社会进行有效治理的制度

---

① 沙勇忠、王峥嵘：《公共危机治理的逻辑：走向社会战略》，《中国社会科学报》2014年9月12日第2版。
② 沙勇忠、解志元：《论公共危机的协同治理》，《中国行政管理》2010年第4期。
③ ［英］托克·麦克格鲁：《走向真正的全球治理》，陈家刚译，《马克思主义与现实》2002年第1期。
④ 钱亚梅：《风险社会的责任担当问题》，博士学位论文，复旦大学，2008年。

安排，推动风险社会善治格局的形成，成为政府、社会以及有志于参与风险社会治理的人们共同思考和面对的问题。① 这种制度安排应该广泛地考量与风险有关的所有因素，有效地协调受到风险影响的各方关系，合理地分配现代社会的力量体系及其权责。通过这种改善后的制度安排，能够有机地整合所有相关的知识、技术、立场、力量和资源，实现对风险的有效治理，更好地应对风险社会带来的变革与挑战。与此同时，学者提出了公共安全治理的多个理论主张，如"公共安全复合治理"②"公共安全合作治理"③"公共安全公私协力治理"④等，力图揭示公共安全治理的内在机理过程。从目前的研究成果来看，其中对于公共安全管理关系的探讨一直缺乏抓手，这一揭示过程也比较模糊。因此，如何站在公共安全管理关系层面，运用新的概念工具，通过对公共安全管理关系的充分探讨来论述公共安全治理的机理，成为亟待补强和深化的研究内容。

**（二）研究意义**

1. 学术意义：提供公共安全研究的备择理论工具

本书的研究主题是"公共安全视域下的风险所有权及其治理机理"，在内容安排上着重从三个方面展开：一是在公共安全视域下建立风险所有权的学理概念；二是构建风险所有权演化模型并分析其演化机理；三是从风险所有权的演化机理分析揭示公共安全治理机理。鉴于此，研究拟努力实现的理论意义相应有以下三方面：

一是尝试在风险所有权现有定义基础上，引入风险社会理论和反

---

① 张成福：《"公共危机与风险治理丛书"总序》，载唐钧《政府风险管理：风险社会中的应急管理升级与社会治理转型》，中国人民大学出版社 2015 年版，第 4 页。
② 杨雪冬：《风险社会中的复合治理与和谐社会》，《探索与争鸣》2007 年第 2 期。
③ 王均等：《合作治理视域中的我国有效应对"风险社会"的理性路径论析》，《天府新论》2011 年第 4 期。
④ 邹焕聪：《公私协力的风险社会理论诠释》，《江西行政学院学报》2014 年第 3 期。

思理性假设，重构其内涵，拓展概念的适用范围，以使得风险所有权成为研究公共安全的一个可选择的且是独立完整的概念视角。

二是尝试在风险所有权概念基础上，初步构建风险所有权演化基本模型，分析其具体演化机理，进而搭建公共安全治理机理的新的分析结构。

三是尝试从风险所有权视角揭示公共安全治理的基本机理，以期加深对公共安全治理核心和本质的认识。

上述探索致力于能为公共安全研究提供风险所有权这样一个备择的理论工具，以期在一定程度上补充现有研究不足，推动公共安全治理讨论走向深入。

2. 实践意义：揭示公共安全治理政策设计的基本原理

在实践意义方面，本书的研究成果期望能在一定程度上指导公共安全治理实践，供管理部门决策参考。风险所有权可以作为一种备择的管理工具，运用风险所有权这一管理工具，其政策功能和应用价值或有以下四个方面：

一是风险所有权具有特定的概念结构，在公共安全管理中引入风险所有权概念，首先将会对公共安全问题分析提供新的概念框架，其在问题流上能引导公共安全管理者同时关注风险、所有者以及管理过程三个基本部分，从而形成一种系统的问题分析框架。

二是根据风险所有权揭示的公共安全治理基本机理，在实践中从风险所有权视角出发，可形成公共安全治理政策设计的基本原理。笔者依据公共安全治理的内部机理、外部机理和互动机理，尝试讨论了政策设计的三种基本原理。

三是运用风险所有权有助于形成公共安全治理政策的基本方向。本书在最后提出了三项基本的政策建议：如聚焦公共安全治理社会化和法治化，创设反思理性生成的基本条件；细化和完善风险所有权权利，强化公共安全合作关系；预测风险、所有者以及所有权的动态变化，主动调适和完善现有治理政策。

四是风险所有权作为管理工具有可实施的方法。本书采用示范案例法，通过分析风险所有权在公共安全管理实践中的具体应用来探讨其实施方法，基本的方法包括六种：识别和风险评估、估计能力需求、构建和维持能力、计划实施能力、验证能力、评估和更新能力。这将为风险所有权工具的应用实践提供初步指导。

## 二 研究内容及结构

### （一）研究内容

根据理论目的和实践目的，本书的研究内容主要有三部分：

第一部分是通过风险所有权的国内外相关文献和基础理论分析，在风险社会公共安全视域下重构风险所有权概念，建立风险所有权的学理概念。

第二部分是在风险所有权概念结构基础上，构建风险所有权演化基本模型，为分析风险所有权演化机理、进而搭建公共安全治理机理分析结构进行铺垫。

第三部分是从风险所有权演化机理分析公共安全治理的基本机理，并讨论如何根据基本机理制定公共安全治理政策。

### （二）研究结构

全书除导论和结语外，正文部分共有六章。各章具体内容如下：

导论。概要介绍本研究的选题背景、研究意义、研究内容、研究结构、技术路线、研究方法、研究涉及的主要概念及其界定等内容。

第一章"文献述评"。该章对风险所有权的国内外相关研究文献进行述评。首先，聚焦"公共安全视域"，从公共安全概念和公共安全管理关系两个层面递进式地具体分析。通过梳理国内外对公共安全概念的整合，提炼出公共安全的"主体—安全—过程""三位一体"式概念，设定公共安全管理关系的定义域；然后从公共安全管理学、社会学、法学等多学科视角对公共安全管理关系的研究文献进行考察分析，指出公共安全管理关系运行表现出新的权利导向。综合二者设定本研究探讨风险所有权的公共安全视域，即风险社会。其次，在分析风险所有权主要研究文献及其观点的基础上，发现目前学界对风险所有权的研究还处在起步阶段，对风险所有权定义进行重构具有必要性。

第二章"相关基础理论分析"。该章进行风险所有权的基础理论分析，为风险所有权概念重构提供理论铺垫。重点探讨风险社会理论、公共治理理论、所有权理论和公共安全理论。风险社会理论提供阐释公共安全管理的重要理论框架，主要有贝克的风险社会学说、吉登斯的积极反思理性和道格拉斯的风险文化理论等观点；公共安全治理是公共治理的重要领域，公共治理理论主要从公共治理的基本理论、治理失效理论、善治理论三个角度展开分析，并指出公共治理反思性的新特征；所有权理论主要从法学和经济学的二重角度展开讨论，其主要观点指出所有权内容表现为行为性权利，由占有、使用、处分和收益等主要权能构成，所有权形式是社会治理的制度安排，不同所有权形式代表不同的社会治理模式；公共安全理论方面，梳理习近平总书记关于安全的重要论述等党的重大理论创新成果，从九个方面介绍中国特色社会主义新时代公共安全理论的内容。

第三章"风险所有权概念重构"。该章对风险所有权概念进行重构，从公共安全管理关系视角切入，初步建立风险所有权的学理概念。首先简述风险所有权现有的两种定义，并指出其重构的必要性；其次进行概念重构，引入风险社会理论作为依据，从三个定义要件分析重构逻辑；最后从所有权权利和所有权关系两个方面给出新定义的内涵。风险所有权是指风险社会意义下多个社会主体在公共安全管理中的责任形态，是一种以责任为基础的权利导向的新型责任框架。从所有权内容看，风险管理活动、管理行为或管理过程体现为风险占有权、使用权、处置权、收益权等所有权权利；从所有权关系看，风险所有权关系表现为公共安全权利导向和公共安全合作的权利性管理关系。

第四章"风险所有权演化模型构建"。该章在第三章基础上构建风险所有权演化的基本模型。首先，从风险所有权三种定义的内在统一性分析风险所有权和公共安全管理关系之间的关联，指出三种定义统一于风险所有权的内在要素结构，从风险所有权的生成过程出发可提供解释不同公共安全管理关系的一致逻辑。实际上，风险所有权是用来描述公共安全管理关系的一个理论概念，其由所有者、风险以及所有权三个基本要素构成；从不同要素出发，风险所有权表现出不同的所有权关系。风险所有权概念之下存在三种基本的所有权关系，即从所有者出发的责任性管理关系、从风险出发的责任性管理关系、从所有权出发的权利性管理关系。本研究把这三种所有权关系分别称为风险所有权的所有者维度、风险维度和所有权维度。其次，探讨公共安全管理关系演化，指出其基本演化过程由三个环节组成：生成环节、复合环节、迭代环节。其中，生成环节是一种内部性过程，复合环节是一种外部性过程，迭代环节是包括内部迭代和外部迭代的动态过程。最后，在前两者基础上，从"风险—所有者—所有权"三个维度、"生成—复合—迭代"三个阶段构建风险所有权演化的基本模型。

第五章"风险所有权治理机理分析"。该章在第四章基础上，运用风险所有权演化模型搭建公共安全治理机理的基本分析结构。首先，从"风险—所有者—所有权"三个维度、"生成—复合—迭代"三个阶段论述风险所有权的演化机理；其次，分析公共安全治理的基本特征，指出其由内部特征、外部特征和动态特征构成，公共安全治理的内部特征包括反思性、合法性、法治性、透明性四个方面，外部特征包括责任性和回应性两个方面，动态特征表现为对公共安全系统的适应性；最后，基于风险所有权演化机理分析公共安全治理机理，指出公共安全治理存在内部机理、外部机理和互动机理三种基本机理。

第六章"风险所有权政策功能及工具"。该章在第五章基础上，从应用层面探讨风险所有权作为管理工具的政策功能和实施方法。在政策功能方面，风险所有权可提供新的公共安全问题分析框架和公共安全治理政策设计原理，据此提出具体的公共安全治理政策建议；在工具实践方面，采用示范案例法，以美国为例分析风险所有权在公共安全管理实践中的思想体现和具体应用，并探讨其实施方法。

结语。总结本研究的主要研究结论、主要研究创新并提出未来研究展望。

## 三　技术路线与研究方法

### （一）技术路线

本书研究的技术路线如图 0-1 所示。

### （二）研究方法

1. 文献分析法

文献研究法是本书的基础研究方法。第一章、第二章以及第三章都基于文献展开问题分析。第一章在考察现有公共安全研究文献的基础上，分析提出了公共安全的"主体—安全—过程""三位一体"式概念；通过分析风险所有权主要研究文献及其观点，提出风险所有权定义扩展的可能必要，并在梳理公共安全管理关系研究文献基础上，提出从公共安全管理关系视角切入来重构风险所有权概念具有合理的依据。第二章"相关基础理论分析"，进行风险所有权的基础理论文

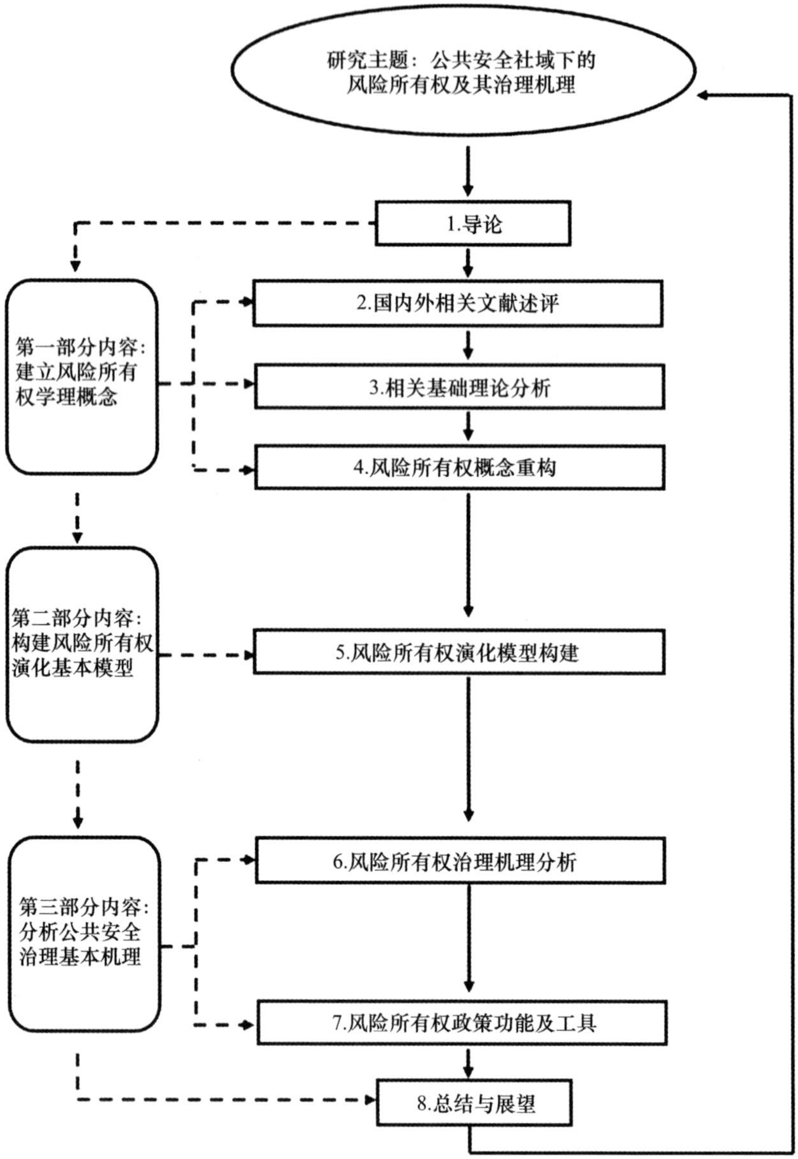

图0-1 本书研究的技术路线

献分析,重点讨论了风险社会理论、公共治理理论、所有权理论和公共安全理论。第三章"风险所有权概念重构",也首先是回顾基本文献,简述风险所有权的现有定义,指出其重构的必要性,在此基础上引入风险社会理论进行概念重构。

2. 理论论证与案例分析相结合

风险所有权是近五年才开始被公共安全管理学界提及的一个设想,在概念完整定义和风险所有权基础理论建构上尚未有效展开。本研究也仅是对风险所有权的初步研究,在研究过程中笔者把重点放在概念辨析与理论建构上,风险所有权概念重构、演化模型构建以及演化机理分析主要采用理论论证方法。在理论证成结束之后,采用示范案例法,以美国为例分析风险所有权在公共安全管理实践中的思想体现和具体应用,并探讨其实施方法,以使得对风险所有权的理论分析和实践研究能够达到统一。

## 四 主要概念及其界定

本书涉及三个重要概念:一是公共安全的概念,二是管理主体的反思理性,三是风险所有权。其中笔者对公共安全概念的定义,在前人基础上进行了新的结构性整合,其余两个概念都是全新的定义。

### (一)公共安全的"三位一体"式概念

综合国内外对公共安全概念的辨析,本书认为公共安全概念可以表述为:公共安全是指面向社会主体的、在形态上表现为风险—突发事件—危机连续链式关系的、各类非传统安全的总和。从这里可以发现公共安全概念其实并不模糊。公共安全具有清晰的要素结构:主体要素、安全要素、过程要素,笔者称之为公共安全的"三位一体"式概念(如图0-2所示)。主体要素上公共安全面向社会行为体而非国家主体，安全要素上公共安全指涉非传统安全而不是传统安全，过程要素上公共安全由风险、突发事件、危机三种形态衔接构成。特别要注意的是，过程要素实际上设定了管理职能及其过程，本质上来源于管理职能及其过程的区别，因而具有管理属性，是管理意义上的过程要素。而且，公共安全的要素结构和概念整合明显表现出风险导向趋势，强调风险社会中主体在风险生成中的作用，强调重点关注非传统安全中的那些系统风险、新兴风险、灾难风险、生存风险，强调风险同突发事件、危机之间的链式关系，即过程要素全面涵盖了风险、突发事件以及危机管理的职能。

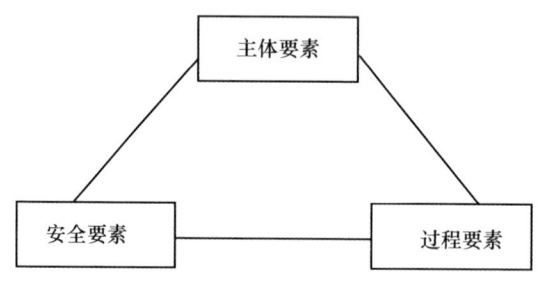

**图 0-2　公共安全的"三位一体"式概念**

公共安全"主体—安全—过程"的"三位一体"式概念设定了公共安全管理关系的基本定义域，包括主体定义域、安全定义域和过程定义域，本书对公共安全管理关系的讨论都是在三种定义域下展开的。

### （二）管理主体的反思理性

对管理主体的反思理性设定是本书一个极为重要的概念。借鉴风险社会理论中关于风险社会主体的反思理性的概念定义，本书对管理主体反思理性的设定是：在风险社会意义下，社会中的主体普遍具有风险意识、拥有一定风险资源并有能力感知风险，在行动上既注意通过反思和限制自身行为来减少风险产生，又善于通过反思性合作共同应对公共安全风险。风险社会意义下管理主体的反思理性是一种积极性的反思理性，而且由于反思的普遍性，这种反思理性在属性上是一种社会公共理性，指向公共安全价值。反思理性突出的是主体之间的公共安全合作导向。

### （三）风险所有权

本书对风险所有权概念的定义是：风险所有权是风险社会意义下多个社会主体在公共安全管理中的责任形态，是一种以责任为基础的权利导向的新型责任框架。从所有权内容看，风险管理活动、管理行为或管理过程体现为风险占有权、使用权、处置权、收益权等所有权权利；从所有权关系看，风险所有权关系表现为公共安全权利导向和公共安全合作的权利性管理关系。

第一章

# 文献述评

本章对风险所有权的国内外相关研究文献进行述评。首先，聚焦"公共安全视域"，从公共安全概念和公共安全管理关系两个层面递进式地具体分析。通过梳理国内外对公共安全概念的整合，提炼出公共安全的"主体—安全—过程""三位一体"式概念，设定公共安全管理关系的定义域；然后从公共安全管理学、社会学、法学等多学科视角对公共安全管理关系的研究文献进行考察分析，指出公共安全管理关系运行表现出新的权利导向。综合二者设定本书探讨风险所有权的公共安全视域，即风险社会。其次，在分析风险所有权主要研究文献及其观点的基础上，发现目前学界对风险所有权的研究还处在起步阶段，对风险所有权定义进行重构具有必要性。

## 第一节　有关公共安全的研究

公共安全是公共安全管理的对象和客体，其内涵和外延决定了社会主体参与公共安全管理或治理职能的基本内容和边界，也设定了多元主体之间公共安全管理关系的定义域。对于公共安全的概念的不同辨析，将会影响公共安全职能的界定以及管理关系的研究取向，也会影响实践中公共安全管理关系的调整和变动。目前，国内外学术界对公共安全概念的认识处在一个不断整合的过程当中，关注的焦点时常在调整，学者也不拘泥于从单一学科范畴来辨析公共安全的概念，公共安全管理学、社会学以及法学等多学科视角都在更新公共安全的概念框架，而且呈现多元观点相互影响、不断趋向一致性认识的特点。

**一　公共安全研究的管理、社会和法律途径**

从国外研究情况看，根据学科视角的不同，公共安全概念的跟进和整合较为清晰地表现为三条路径，即管理的、社会的以及法律的途径。

（一）管理途径的公共安全研究

从管理的途径看，公共安全概念经过了三次研究整合。具体分析如下：

第一次是从防灾安全、防卫安全到综合安全的整合。防灾安全是日本对公共安全的概念性认识，在日本的全部公共安全法律体系当中，仅自然灾害法律即超过三分之一强，日语中安全的城市指称为"防灾都市"（Disaster-resistant City），公共安全规划也称为"防灾规划"。与此相对，防卫安全是英美等国家对公共安全的基础性认识，英文中"public security"即指防卫安全，定位于犯罪预防。[①]根据英国《安全城市和社区安全战略》文本的解释，公共安全的目标是减少犯罪，降低人们对犯罪的恐惧感，为经济发展和公共生活创造一个更加安全的公共环境。[②]美国学者 Gerda R. Wekerle 和 Carolyn Whitzman 认为，公共安全管理即控制社会犯罪行为。[③]"9·11"事件以后，美国更是明显加强了防卫意义上的公共安全。2003 年，专职负责公共安全

---

[①] Philip J. Cook and John MacDonald, "Public Security through Private Action: An Economic Assessment of Bids", *The Economic Journal*, Vol. 121, No. 552, May 2011, pp. 445 – 462.

[②] Crime Reduction Research Unit Nottingham Polytechnic, *Safer Cities and Community Safety Strategies*, London: The Home Office Police Research Group (PRG) Paper No. 38, January 1992, p. 27.

[③] Gerda R. Wekerle and Carolyn Whitzman, *Security Cities: Guidelines for Planning, Design and Management*, New York: Van Nostrand Reinhold Company, 1994, pp. 1 – 10.

管理的美国联邦紧急事务管理局并入美国国土安全部。2011年以后，原美国《全国响应框架》分解充实为美国《全国预防框架》《全国保护框架》《全国减缓框架》《全国响应框架》和《全国恢复框架》五个框架。其中《全国预防框架》直接将防卫恐怖主义威胁作为核心内容，而且从2011年起，每年发布的《全国准备报告》都对防卫安全进展做出说明。不过与此同时，欧美和日本等国家都逐渐整合防灾安全和防卫安全的概念，认为公共安全管理应具备应对全灾种的能力。从联合国对于公共安全的国际倡议来看，这种整合的进路表现十分明显。1996年，联合国"国际减灾日"以"城市化与灾害"为主题，提出自然灾害减灾问题；1998年，"国际减灾日"以"创建更安全的城市"为主题，关注社会犯罪和治安安全；2000年，联合国人居署发布《健全的城市管理：规范框架》，定义个人及其生活环境的安全为每个人都有不可剥夺的生存、自由和人身安全权利。认为公共安全管理者必须努力避免人际间的冲突和自然灾害，使所有的利益攸关者参与防止犯罪、防止冲突和预防灾害的准备。安全保障还意味着有不受迫害的自由。2007年，联合国人居署发布《全球人类住区报告2007：加强城市安全与保障》，提出公共安全应对的三大主要威胁：自然和人为灾害、犯罪与暴力、居住权无保障和强行驱逐。可见，公共安全内涵从单纯防灾安全或防卫安全转向以人和人的活动为中心的综合安全，安全的边界呈现出向外开放拓展的变化趋势和特点。

第二次是从传统安全向非传统安全方向的整合。1980年，"勃兰特报告"（Brandt Report）首次提出运用非传统的方法看待安全问题，提议解决国际安全问题的重要途径之一就是更重视"非传统安全"问题。与传统安全的"高政治"和国家安全主体相比，非传统安全表现为"低政治"和将社会等非国家行为体作为安全的主体。从传统安全到非传统安全的整合，有四个突出特征：一是公共安全从过去的国家安全系统中独立出来，主体定位更明确；二是公共安全从"高政治"转变到"低政治"，在安全价值上明确追求以公民为中心的社会安全；三是非传统安全包含的风险因素更为复杂，公共安全在内涵上具有开阔的整合特质；四是在安全手段上，公共安全可以使用多种行政化、市场化、社会化以及国际协作等治理工具。因此在非传统安全观下，公共安全与国家安全的边界较为清晰，它明确指向社会安全范畴，运用公共治理手段维护公民社会安全。David P. Fidler[1] 指出，安全概念可以用来重新为不同治理领域的政策争论设定框架。非传统安全观是辨析公共安全概念的重要框架，新的公共安全理念基本都在这一框架下丰富发展。

第三次是从常规安全到非常规安全的整合。2003 年，OECD 发布《21 世纪面临的新风险：行动议程》，在报告中首次提出"系统性风险"（systemic risk）的概念，认为现代社会中的重要系统在未来可能变得更加脆弱，如城市环境中的食品和供水、运输、能源、信息和通信、卫生以及公共服务等系统有可能出现系统性损害，这成为影响 21 世纪经济与社会发展的主要问题。[2] 世界经济论坛指出，系统性风险有三个特点：聚变性、传染性、滞后性，并提出"灾难性风险"的概念，意指那些危及人们生存、永久和彻底限制社会未来发展的风险。[3] 2010 年，国际风险管理理事会（International Risk Governance Council, IRGC）提出"新兴风险"（emerging risk）的概念，认为公共安全正遭遇到新环境下出现的传统风险甚至是完全全新的风险，公共安全风

---

[1] David P. Fidler, *SARS, Governance and the Globalization of Disease*, New York: PALGRAVE MACMILLIAN Houndmills, 2004, p. 49.

[2] OECD, *Emerging Risks in the 21st Century: An Agenda for Action*, The Secretary-general of the OECD 92 - 64 - 19947 - 0, April, 2003.

[3] World Economic Forum, *Global Risks 2014*, World Economic Forum 92 - 95044 - 60 - 6, January 16, 2014.

险的后果更难预测，整个治理系统都可能面临瘫痪。① 2017年，牛津大学发布《生存风险：外交与治理》报告（Existential Risks: Diplomacy and Governance），呼吁采取更多措施控制重大流行病、极端气候变化和核战争等生存安全风险。② 2021年1月，世界经济论坛发布《2021全球风险报告》（Global Risks Report 2021）指出，传染病的快速大规模蔓延和极端天气事件成为全球后果影响最重、发生概率最高的风险。③ 总结看，非常规公共安全的概念整合，是在公共安全综合化整合和非传统安全框架下的继续，显示了当下国际学术界对公共安全关注的最新动态，即以风险为导向进行整合，人们基本一致认为公共安全是指向那些非常规风险的安全。

（二）社会途径的公共安全研究

从社会的途径看，风险社会理论提供了公共安全概念整合的社会学视角，它使公共安全的内涵和外延获得了全新的辨析。卢曼、玛丽·道格拉斯、阿隆·威达夫斯、乌尔里希·贝克、安东尼·吉登斯等风险社会学家以风险为中心诠释了公共安全的概念。核心内容有如下三点：

一是提出"人造风险"和"人为制造的不确定性"的概念。吉登斯用"人造风险"和"外部风险"区分传统社会和风险社会中的公共安全概念，前者指来自外部的、由于传统或者自然的不变性和固定性所带来的风险，后者指由我们不断发展的知识对所生存的世界产生的风险，尤指我们没有多少历史经验的情况下所出现的风险，如新型健康风险、环境风险等。④ 乌尔里希·贝克将"人造风

---

① The International Risk Governance Council, *The Emergence of Risks: Contributing factors*, IRGC 978-2-9700672-7-6, 2010.
② University of Oxford, *Existential Risks: Diplomacy and Governance*, Future of Humanity Institute, January 23, 2017.
③ World Economic Forum, *Global Risks 2021*, World Economic Forum 978-2-940631-24-7, January 18, 2021.
④ ［英］安东尼·吉登斯：《失控的世界——全球化如何重塑我们的生活》，周红云译，江西人民出版社2001年版，第22—32页。

险"称为"人为制造的不确定性",主要表现为与不可计算性、不可判断性相关联的生物化学、遗传学以及核工业中的重大工程的不安全性。① 其在《风险社会》一书里不断提到切尔诺贝利事故、博帕尔事故、埃克森·瓦尔德斯号事件、牛绵状脑病毒等,这些是风险社会中公共安全概念的最明显表征,说明风险的产生处在一种社会物质产品的生产活动中,外在风险的内在化说明了风险的社会关系属性。

二是提出"风险建构"的概念。风险社会理论认为充斥于风险社会中的各种威胁的物质性/非物质性以及可见性/不可见性意味着所有关于它的知识都是媒介性的,都依赖于建构,风险在建构过程中是开放的,政治家与法律专业人员、科学家、大众传媒以及公众都在参与建构。贝克认为,"公众有关风险的讨论,以一种典范的方式展现出来:那不仅是自然和人类健康的次级问题,而且是这些副作用所带来的社会的、经济的和政治的后果"②。风险社会中的风险建构最有可能揭示出技术的全貌及其本质,贝克称这种建构具有"反思性",适应了风险社会要求当前的社会结构、制度和联系向一种包容更多复杂性、偶然性和断裂性的型态转变的形势。③ 从安全主体出发来辨析公共安全概念是风险社会理论提出的新视角,同时认为公共安全的社会建构实质上具有反思特性。公共安全表达何种内容以及边界位于何

---

① [英]芭芭拉·亚当、[英]约斯特·房龙:《重新定位风险:对社会理论的挑战》,赵延东译,载[英]芭芭拉·亚当、[德]乌尔里希·贝克、[英]约斯特·房龙编著《风险社会及其超越:社会理论的关键议题》,赵延东、马缨等编译,北京出版社2005年版,第18—19页。

② [英]芭芭拉·亚当、[英]约斯特·房龙:《重新定位风险:对社会理论的挑战》,赵延东译,载[英]芭芭拉·亚当、[德]乌尔里希·贝克、[英]约斯特·房龙编著《风险社会及其超越:社会理论的关键议题》,赵延东、马缨等编译,北京出版社2005年版,第22页。

③ [英]芭芭拉·亚当、[英]约斯特·房龙:《重新定位风险:对社会理论的挑战》,赵延东译,载[英]芭芭拉·亚当、[德]乌尔里希·贝克、[英]约斯特·房龙编著《风险社会及其超越:社会理论的关键议题》,赵延东、马缨等编译,北京出版社2005年版,第7页。

处，取决于参与建构的主体间的相互关系及其建构方式。

三是提出未来风险观。卢曼认为，风险具有未来导向，风险指尚未发生的、关系到目前决定的可预见性后果，也即透过现在的决定制约未来。①"技术建构的危险以及与其相关的风险定义的社会关系最终演变成了非特定时空中的根源、中介和产出，它们在全球蔓延，在本土扎根，通过语境和个人被建构，并进驻一个开放的未来。"② 因此，对安全的认识论和方法论的关注应将风险、技术及其未来联系嵌入分析中去。另外，风险社会理论认为，过去不再对现在有决定权，应该从未来审视现在，即布鲁诺·拉图尔提出的"从未来进入现代"③。贝克将风险定义为"一种系统性处理由现代化本身诱发和引入的危险及不安全的方式"。④ 这样，一方面从未来风险观出发对现存管理制度进行现代性反思；另一方面，在不同文化框架下重新建构风险管理的社会定义，使得人们形成一个分担风险的社区或社会共同体。可以看出，以风险为中心建立对公共安全的理解，会使得公共安全管理的公共性特征变得十分突出，既表现为公共安全管理的是一种长期性安全，又表现为公共安全管理的公共参与性。

（三）法律途径的公共安全研究

从法律的途径看，公共安全以国家公权力干预范围作为其边

---

① 转引自胡正光《风险社会中的正义问题：对风险与风险社会之批判》，《哲学与文化》2003年第11期。
② ［英］芭芭拉·亚当、［英］约斯特·房龙：《重新定位风险：对社会理论的挑战》，赵延东译，载［英］芭芭拉·亚当、［德］乌尔里希·贝克、［英］约斯特·房龙编著《风险社会及其超越：社会理论的关键议题》，赵延东、马缨等编译，北京出版社2005年版，第12页。
③ ［德］乌尔里希·贝克：《再谈风险社会：理论、政治与研究计划》，赵延东译，载［英］芭芭拉·亚当、［德］乌尔里希·贝克、［英］约斯特·房龙编著《风险社会及其超越：社会理论的关键议题》，赵延东、马缨等编译，北京出版社2005年版，第343页。
④ ［英］露丝·利维塔斯：《风险与乌托邦的话语》，张网成译，载［英］芭芭拉·亚当、［德］乌尔里希·贝克、［英］约斯特·房龙编著《风险社会及其超越：社会理论的关键议题》，赵延东、马缨等编译，北京出版社2005年版，第304页。

界。德国学者莱纳·沃尔夫比较研究了法治国家和环境国家下的公权行为,[①]表明法律意义上的公共安全概念已经出现扩展,风险预防行政上升为一条法律原则。法治国家强调,对于自由的保护是"安全的宪法基础",被赋予优先性的自由权使得国家的侵犯必须要有理由,即国家有义务来排除那些日益严重且若不采取措施将会造成具体的损害的危险,其因果链条是确定的,对其警察法上的肇事者也已得到确认。以优先保护自由权的、公共安全和私人风险间的差距成为法律的一个基本原则。相较而言,环境国家下处于中心的不再是个体权利,而是生态性集体利益。受到环境影响的不是私人的生活规划,而是生态的集体利益,而且生态危机的演变是缓慢的、长期的,往往不是严重的个别侵犯。因此,不同于警察法下的个别性干预,环境国家的预防性干预是一种持续性状态,风险规制变得无处不在,干预的常态和例外关系发生了颠倒,公共安全的优先地位突出,边界极大扩展。迪特尔·格林认为,预防性国家行为的扩张和全新定位,不应被看作一时兴起的潮流,而应视它们是对社会变迁的政治反映。[②]乌尔里希·K. 普罗伊斯认为,当安全需求在风险社会向国家提出进行预防的要求时,从理论上厘清此种安全与传统安全在认知前提下的差异,是实践上采取恰当措施的必要条件。[③]风险预防不同于传统理解的国家通过危险消除来保障的安全,而是一种面向不确定性的安全概念。可以看出,法律途径的公共安全概念整合深受风险社会理论的影响,公共安全、风险规制与行政法是当前西方法学界十分关注的一个议题,这方面的研究成果为辨析公共安全概念提供了新的视角。

---

① [德]莱纳·沃尔夫:《风险法的风险》,陈霄译,载刘刚编译《风险规制:德国的理论与实践》,法律出版社2012年版,第78—102页。
② [德]迪特尔·格林:《宪法视野下的预防问题》,刘刚译,载刘刚编译《风险规制:德国的理论与实践》,法律出版社2012年版,第122—124页。
③ [德]乌尔里希·K. 普罗伊斯:《风险预防作为国家任务——安全的认知前提》,刘刚译,载刘刚编译《风险规制:德国的理论与实践》,法律出版社2012年版,第163—164页。

综合国外研究情况来看，公共安全概念整合的管理、社会以及法律途径之间呈现相互影响、相互推进的关系，突出地表现为受风险社会理论影响最为明显，转向以风险为中心整合公共安全概念成为研究的共同取向。

### 二 公共安全研究的主体、形态、政策和整合视角

从国内研究情况看，公共安全概念辨析还未建立在系统性的学科支撑上，辨析视角看不出明显的学科思维，学界对公共安全概念的认识较为碎片化，相互之间缺乏互动和整合，学术共同体发展较慢。另外，理论界对公共安全概念的认识受政策影响较深，我国《突发事件应对法》设定了公共安全概念的核心框架。但值得注意的是，公共安全的政策含义也存在不一致之处，亟待进行整合完善。

#### （一）主体视角的公共安全研究

从安全主体来辨析公共安全概念，是国内学界研究的视角之一。张跃认为，公共安全是关于整个国家、整个社会以及公众的人身、财产、环境和基本利益等未受到威胁、损害，整个社会系统能够按照正常稳定的秩序继续运行的一种状态。[①] 苟君厉认为，公共安全指生产安全、公共安全、食品安全、公共卫生安全，但涉及的具体事件包括自然灾害、生态环境、生产事故、药品安全、社会治安、公共设施、地下空间、金融安全、国家安全等有关自然、经济、社会和政治方面的安全议题。[②] 有学者认为公共安全涉及国家和社会两类主体，应加以区分。郭济区别了狭义和广义上的公共安全，[③] 认为广义公共安全是指不特定多数人的生命、健康、重大公私财产以及社会生产、工作

---

① 张越：《我国城市公共安全治理问题研究》，硕士学位论文，黑龙江省委党校，2015年。
② 苟君厉：《城市公共安全面临的问题及预防机制》，《中国公共安全》2006年第8期。
③ 郭济：《政府应急管理实务》，中共中央党校出版社2004年版，第14页。

生活安全，它包括整个国家、整个社会和每个公民一切生活方面的安全（如国防安全、环境安全、免受犯罪侵害的安全等）；狭义公共安全主要指来自自然灾害、治安事故和犯罪侵害三个方面的内容。常艳梅认为，狭义的安全主要指与人身安全和财产安全密切相关的安全，即治安安全；广义上的公共安全指城市及其人员、财产、城市生命线等重要系统的安全。① 另有学者认为公共安全的主体是社会而非国家行为体。吴爱明认为，公共安全是指社会公众享有安全和谐的生活和工作环境以及良好的社会秩序，公众的生命财产、身心健康、民主权利以及自我发展享有安全保障，最大限度地避免各种安全伤害。② 王宝明认为，公共安全是指社会和民众个人从事和进行正常的生活、工作、学习、交往所需要的稳定的外部环境和秩序，包含信息安全、食品安全、公共卫生安全、公众交通安全、人员疏散的场地安全、城市生命线安全、人身安全等。③ 张燕认为，公共安全是一个变化中的概念，传统意义上的公共安全可分为三个独立的类别：一是与事故相对的生产安全，二是与犯罪相对的治安安全，三是与自然灾害相对的环境安全。④ 当前的公共安全则引入了信息安全、生态安全等新内涵。

（二）形态视角的公共安全研究

从安全形态来辨析公共安全概念，是国内学界研究的视角之二。国内学者从风险、灾害、事件、危机等多维形态认识公共安全。刘茂等认为，城市公共安全主要集中在七类风险上：工业危险源及其风险、公共场所安全风险、公共基础设施风险、自然灾害风险、道路交

---

① 常艳梅：《城市公共安全评价研究》，硕士学位论文，重庆大学，2013年。
② 吴爱明：《公共安全：公共管理不可忽视的社会问题》，《行政论坛》2004年第6期。
③ 洪毅主编：《应急管理国际研讨会论文集》，国家行政学院出版社2014年版，第27—30页。
④ 洪毅主编：《应急管理国际研讨会论文集》，国家行政学院出版社2014年版，第239页。

通安全风险、恐怖袭击与破坏风险、公共卫生安全风险。① 刘承水从灾害视角构建公共安全概念,他认为城市公共安全包括了自然灾害、人为灾害以及自然与人为混合灾害,主要列举了水灾水害、地质灾害、城市沉降、气象灾害、城市火灾与爆炸事故、交通事故、城市生命线系统事故、工业化灾害、恐怖袭击威胁九类安全内容。② 郭汝等认为,公共安全涉及七类事件:自然灾害、城市火灾、地下事故、交通事故、刑事案件、战争以及社会安全事件等。③ 邓国良认为,公共安全危机是指自然灾害、人为事故和由社会对抗引起的冲突行为,并可能造成严重危害后果和重大社会影响。④

(三)政策视角的公共安全研究

从政策含义来辨析公共安全概念,是国内学界研究的视角之三。《突发事件应对法》将公共安全内容界定为自然灾害、事故灾难、公共卫生事件和社会安全事件四大类,按照社会危害程度、影响范围等因素,将公共安全等级分为特别重大、重大、较大和一般四级。国家"十一五"规划首次将公共安全建设作为国家现代化建设的重要内容之一,明确公共安全范围包括自然灾害应急、事故灾难应急、公共卫生事件应急以及社会安全事件应急保障四类。《中国城市状况报告(2012/2013)》指出,城市公共安全通常是指发生在城市区域内涉及或危害公众的生民和财产安全的事件,包括地震、水灾、泥石流等自然灾害和环境污染、传染病、食品中毒等事故灾难,但不包括恐怖袭击、劫持人质、金融危机等社会安全事件。⑤ 另外,公共安全是财政

---

① 刘茂等:《城市公共安全——理论方法及应用》,中国石化出版社2014年版,第3—4页。
② 刘承水:《城市灾害应急管理》,中国建筑工业出版社2009年版,第2—6页。
③ 郭汝等:《我国城市安全研究进展及趋势探讨》,《城市发展研究》2013年第11期。
④ 邓国良:《公共安全危机事件处置研究》,中国人民公安大学出版社2005年版,第57页。
⑤ 汪光焘主编:《中国城市状况报告(2012/2013)》,外文出版社2014年版,第25页。

预算的重要内容，依据我国预算报告说明，公共安全支出预算主要由七大部分组成，分别是武装警察、公安、检察院、法院、司法和缉私警察以及其他公共安全支出。部分学者支持该观点，如龚锋认为，公共安全指治安安全，中国的公共安全部门由公安、检察院和法院三大系统组成，职责是提供治安和法律服务，维持社会稳定，保障居民生命和财产安全。① 卢洪友等认为，公共安全是指预防犯罪和治安安全，公共安全服务只是公共服务中的内容之一。②

（四）整合视角的公共安全研究

受认识碎片化的影响，国内对公共安全概念进行理论上、学术化的整合进展较为迟缓。部分学者注意到了这一问题，尝试进行整合性研究。张海波提出了公共安全概念整合与重构的理论设想，从安全主体、安全的内容范围、安全的表现形式三个维度界定公共安全概念。③ 从主体看，安全主体由大到小可分为：国家主体、社会主体以及个体，分别对应国家安全、公共安全以及私人安全。他认为从主体角度界定公共安全概念比较可行；从安全内容看，安全涉及的具体内容十分丰富，如环境安全、能源安全、食品安全、药品安全等，认为应该用非传统安全框架整合安全的各个子内容；从表现形式看，公共安全是一个抽象概念，而风险、事件（灾害）、危机是公共安全的具体表象，三者之间形成一个动态连续的因果链条，公共安全管理则表现为风险管理、突发事件管理、危机管理的复合，因此有关风险、突发事件和危机的划分，实际上是基于公共安全的不同表现形式所要求的管理条件或职能也不同这一现实情况，即公共安全形式设定了管理的职能及其过程。

---

① 龚锋：《地方公共安全服务供给效率评估》，《管理世界》2008 年第 4 期。
② 卢洪友等：《城市公共安全需求影响因素实证研究》，《经济评论》2011 年第 2 期。
③ 张海波：《公共安全管理：整合与重构》，生活·读书·新知三联书店 2012 年版，第 72—77 页。

## 第二节　有关公共安全管理关系的研究

本节从多学科的视角分析公共安全管理关系研究文献，为后文风险所有权概念重构提供合理依据。这方面的文献较多，笔者主要选取社会学、法学和公共安全管理学三个学科视角进行文献梳理和分析。

### 一　社会学视角

社会学视角方面，尤以风险社会理论对公共安全管理关系的剖析最为深刻。"风险社会"长期被误读为解释现代社会风险特点的一个社会学名词，但实际上它是用以分析公共安全管理关系的最为重要的理论框架之一。风险社会理论以制度和管理关系为中心议题。风险被定义为"一种系统处理由现代化本身诱发和引入的危险以及不安全的方式"①。风险社会"指的是一组特定的社会、经济、政治和文化的情境，它要求当前的社会结构、制度和联系向一种包含更多复杂性、偶然性和断裂性的型态转变"②。贝克指出："在风险社会理论中，'环境'问题不再被视为一种外在的问题。相反的，它们从理论上被放到了制度的中心。"③ 这里的"方式""型态""制度"本质上是为寻求与现代性风险相匹配的、适应性的公共安全管理关系，贝克称之为"反思现代性"。对于反思现代性关系的理解，风险社会理论认为

---

① ［英］露丝·利维塔斯：《风险与乌托邦的话语》，张网成译，载［英］芭芭拉·亚当、［德］乌尔里希·贝克、［英］约斯特·房龙编著《风险社会及其超越：社会理论的关键议题》，赵延东、马缨等编译，北京出版社2005年版，第304页。

② ［英］芭芭拉·亚当、［英］约斯特·房龙：《重新定位风险：对社会理论的挑战》，赵延东译，载［英］芭芭拉·亚当、［德］乌尔里希·贝克、［英］约斯特·房龙编著《风险社会及其超越：社会理论的关键议题》，赵延东、马缨等编译，北京出版社2005年版，第7页。

③ ［德］乌尔里希·贝克：《再谈风险社会：理论、政治与研究计划》，赵延东译，载［英］芭芭拉·亚当、［德］乌尔里希·贝克、［英］约斯特·房龙编著《风险社会及其超越：社会理论的关键议题》，赵延东、马缨等编译，北京出版社2005年版，第340页。

存在个体和社会两个层面。

吉登斯关注自反性现代化在个人层面的运作,提出"积极市民"的概念。[1] 按照吉登斯的论述,风险社会中市民的一个重要转变,就是个人更多地意识到自己的社会环境及自己作为主体在其中的角色。个人不仅会感知风险并承担减少风险的责任,而且还会用心计算,保护自身利益。在自反性现代化概念体系基础上,吉登斯进一步提出了"自反性信任"的新概念,又称为"积极信任"。积极信任不是一种新的信任类型,而是风险社会中信任产生或建立的一种新机制,指的是信任必须积极地去创造或建立。积极信任构建的前提对他者的"开放",即向其他人、机构或系统"开放"。因而它是双方的,不是单方的,是透明的,不是隐含的,是全面的,不是有局限的。[2] 凝练地讲,积极信任"肯定了自主,保护了多样性的存在,既强调了责任也强调了权利"。[3] 现代化晚期社会或风险社会具有更多的不确定性,公共决策依赖的是"聪明的市民"和对话式治理,因而政府必须努力争取和构建积极信任。在这里,可以看出风险社会中的个人是能有作为的积极个体,由此多元主体间公共安全管理关系建立在一个比贝克更具有开阔空间和积极意义的基础上。

贝克更关注反思性在社会与国家层面上的关系问题,"政治化"是其中最主要的概念。政治化是工业社会中公共安全管理关系在风险社会中的新二分。贝克认为工业社会中存在政治领域和技术经济领域分立的现实。塑造社会的决策能力,一部分集中在政治系统当中,并服从于代议制民主的原则,决策以及对政治权力的运用,遵循合法性原则和权力与统治只有经过选民同意才能实施的原则;另一部分决策

---

[1] [英]吉登斯:《超越左与右:激进政治的未来》,李惠斌、杨雪冬译,社会科学文献出版社2000年版,第96—97页。
[2] 董才生:《论吉登斯的信任理论》,《学习探索》2010年第5期。
[3] [英]安东尼·吉登斯:《失控的世界——全球化如何重塑我们的生活》,周红云译,江西人民出版社2001年版,第164页。

权力则摆脱了公共监督和论证规则，被转移到企业投资的自由和科学研究的自由，决策遵循市场规律，运用创造利润的规则，具有非政治领域的特征。两部分之间是互相塑造的关系，社会政治文化共识视技术进步等同于社会进步，而技术经济进步的确也同个人进步相关联，以这种方式稳定了技术转变的决策和非决策领域。随着技术灾难的大量出现和风险社会的到来，政治领域和技术经济领域的平衡关系被打破，表现为以"政治化"为方向的新二分。一方面，政治性的行动权威逐渐失去力量，国家除在外交、国防等领域继续保有风险垄断决策地位外，其他领域向政治体系之外、以新政治文化形式参与政治决策的各种大众媒体、公共共同体、公民倡议群体以及社会运动等开放。另一方面，技术经济发展不断增长的变迁和危险的潜在可能性，使其失去了非政治的特征。过去发生在市场领域、局限于工会和雇主之间的技术决策冲突，现在直接发生在国家权力和公民抗议团体之间。与此相应，全新的干预机会在技术经济领域找到，带着法律的责任，政府的监控机构和对风险敏感的媒体公共领域进入企业和工厂，商业和技术经济活动获得了一种新的政治和道德维度。政治化是风险社会新的合法性来源、也即正确的管理关系调整的原则，贝克描述为"社会变迁的范围随着它们的合法化而相反地变动"①，这集中表现为政府提供各种适应性的制度内容。

从国内研究情况来看，引用风险社会理论主要是用以分析现代风险的特点，进而提出风险分担和治理风险的观点，少见有从社会学视角进行分析。彭宗峰通过分析风险社会中公民个体化及其行动悖论，②提出基于建构制度化关系的公民再造，即从功能性而非身份关系视角发掘公民的作用，将公民的合作互动纳入国家以及其他亚共同体等制度化关系中，并且注意培育超越竞争精神和控制精神的公民合作

---

① ［德］乌尔里希·贝克：《风险社会》，何博闻译，译林出版社2004年版，第251页。
② 彭宗峰：《风险社会中的公民再造：反思与出路》，《中南大学学报》2015年第1期。

文化。

可见，风险社会理论对公共安全管理关系的解析主要是从反思理性出发，按照反思理性在主体间建构新的反思性的公共安全管理关系。

## 二 法学视角

法学视角深受风险社会理论的影响，其以风险社会作为根本背景来研究公共安全管理活动的变化。主要讨论和指出了以下两个方面的变化：

一是侵权法中危险责任的提出与归责原则的转变，以调节责任关系。从危险责任和归责原则转变来看，进入风险社会以后，社会公共安全需求大大增加。庞德认为，社会普遍安全是公共利益中最重要的利益诉求。[①] 传统侵权法中以无过错即无责任为原则、以保护行为人的自由为目标、以损害填补为补充的过错责任，其公正性和合理性受到广泛质疑，要求扩大侵权法保护范围、面向风险提供安全保障的呼声不断。因此，基于行为或活动潜在危险根源进行归责的新的责任形态被提出，危险责任成为现代侵权法区别于传统侵权法法律体系的重要特征。危险责任的概念在不同法系中存在差别。比如在德国法律中，危险责任是指企业经营活动具有特殊危险的装置、物品、设备的所有人或持有人，在一定条件下，不问其有无过失，对于因企业经营活动、物品、设备本身所具风险引发的损害，承担侵权责任。法国《民法典》则将危险责任称为"无生物责任"，包括了所有脱离人的控制范围的各种危险物、危险活动等，在使用范围上超过了德国法律中的危险责任。在英美法系中，危险责任通常与产品责任联系在一起。葡萄牙《民法典》则使用"风险责任"的提法。我国侵权责任

---

① ［美］罗斯科·庞德：《法理学》（第三卷），廖德宇译，法律出版社2007年版，第94—99页。

法中的危险责任一般适用于产品责任、环境污染责任、高度危险责任等内容。危险责任的法律分配或配置有多个参照。叶金强提出"风险责任领域"的框架性概念，认为划定责任领域的影响因素包括利益获取、风险的开启与维持以及控制的可能性、损害分散的可能性、合理信赖、受害人自我保护的可能性等，其中利益获取是最为重要的依据。同时，他认为风险领域理论是一个开放的、动态的可建构体系，随着社会观念的发展，不断会有新的影响因素被纳入到风险领域理论当中。① 岳红强认为可以根据危险制造、损益一致、危险控制和损失分担四个方面加以确定。② 虽然危险责任的具体概念在不同国家有差异，但其表达的法律意义和功能基本相同：即危险责任将侵权法的重心从个人本位转向社会本位，注重社会公共安全利益，在责任构成要件上从主观主义转向客观主义，在正义理念上由矫正正义转向分配正义，在责任主体上从个人责任转向集体责任；功能上，现代侵权法已经成为应对社会事故风险首要的制度工具和手段，一方面为风险损害人提供救济补偿，另一方面发挥着预防风险的重要功能。危险责任最新的发展动态主要表现为：责任适用范围的扩大，归责标准的趋同化，责任体系的开放性。

二是将风险规制和预防发展为国家新的管理职能，使得公共安全概念发生了新的扩展。与前述不同，风险规制和预防学派认为由于现代风险的特质，侵权法通过危险责任控制风险的有效性值得怀疑。这是因为，一方面通过侵权责任来治理公共安全风险，属于一种间接控制的策略，是通过事后责任追究的机制来警示和预防未来的风险；另一方面，侵权法面对大规模人群的风险治理问题时，责任既难以界定，又存在集体行动的困难。风险规制和预防则是一种直接有效的控

---

① 叶金强：《风险领域理论与侵权法二元规则体系》，《法学研究》2009年第2期。
② 岳红强：《风险社会视域下危险责任制度研究》，法律出版社2016年版，第136—143页。

制手段，政府通过制定规制、监督与检查、执行与制裁对风险进行预防和控制。① 赵鹏认为，对风险的规制不再是面对一个具体的和正在出现的违法现象，而是要预见可能带来破坏的根源，由此政府干预的范围被迅速扩张。② 德国学者施拖贝尔认为，当代社会如何防范公共安全风险、有效管理危机、为社会公众提供安全的环境，已经成为政府新的核心任务，政府行政职能也从给付行政转变到风险行政。③

可以说，法学上对公共安全管理关系的解读主要是从风险责任和主体的管理职能两个视角出发，既趋向于个体风险责任的扩大，同时国家被赋予了公共安全风险行政职能。

### 三 公共安全管理学视角

公共安全管理学视角注重从管理要素结构分析入手，探讨公共安全管理关系。管理要素包括客体要素、主体要素以及过程要素三个层面。

（一）客体要素层面

从客体要素看，公共安全管理关系面向全面风险进行变动。"全灾种""全危机方法"等成为当今西方公共安全管理的主流原则。1979年，美国紧急事务管理署（FEMA）创立时即提出"全面紧急事态管理"，对可能发生的自然灾害、技术灾难、人为灾难、恐怖主义事件等采用全面准备、应对和恢复措施。欧盟第7框架计划资助项目ANVIL（Analysis of Civil Security Systems in Europe）研究了欧洲22个国家和地区的民事安全体系，发现绝大多数国家和地区倾向于运用

---

① 沈岿：《风险规制与行政法新发展》，法律出版社2013年版，第3—29页。
② 赵鹏：《风险社会的自由与安全》，《交大法学》2011年第1期。
③ ［德］施拖贝尔：《灾难行政与公民责任》，载余凌云《警察预警与应急机制》，中国人民大学出版社2007年版，第300—302页。

"全灾种"而非"单灾种"的应对方法,同时围绕"全灾种"方法,公共安全管理演进一直伴随着正式风险规划和风险评估的发展。①

(二) 主体要素层面

从主体要素看,公共安全管理关系在全主体间进行重塑。全政府型公共安全综合管理体系是联合国减灾十年计划向世界各国推荐的管理体系,目前在世界大多数国家已经建立起来,但实际运行存在不同程度的差异。赵成根对东京、纽约、新加坡、北京等世界主要城市公共安全管理模式比较研究后发现,不同城市在安全法规、组织机构、管理模式、参与主体、部门协调、区域合作等方面存在系统性差距。② 具体看,容志认为,我国城市公共安全管理体系存在条块分割,从而削弱了公共安全协同管理效能。③ 陆继峰认为,我国公共安全管理存在碎片化现象,缺乏整体性管理。④ 而国外公共安全管理主体整合理念则不断创新。2011 年,美国提出"全社会型"概念(All of Nation/Whole Community),在《全国应急准备系统》中将之定义为:"全社会参与是指一种包括居民、应急管理实际工作者、组织和社区领导者,以及政府官员能够共同理解和评估各自社区的需求,并决定用最好的方法来组织和保护他们财产、能力和兴趣的方式。"⑤ 2015 年,第三届联合国世界减灾大会总结《2005—2015 年兵库行动框架》经验认为,必须采取更广泛和更加以人为本的预防方法应对灾害风险。为了切实有效减少灾害风险,实践必须具有多灾种和多部门性、包容性

---

① 中国应急管理研究基地:《欧洲民事安全体系及欧盟在共同危机管理能力建设中的作用》,《中国应急管理》2015 年第 7 期。

② 赵成根:《国外大城市危机管理模式研究》,北京大学出版社 2006 年版,第 201—202 页。

③ 容志:《从分散到整合:特大城市公共安全风险防控机制研究》,上海人民出版社 2014 年版,第 81—86 页。

④ 陆继峰:《应急管理碎片化:表现、成因与应对之道》,《山东行政学院学报》2017 年第 3 期。

⑤ FEMA, *A Whole Community Approach to Emergency Management: Principles, Themes, And Pathways for Action*, FDOC 104 – 008 – 1, December 2011, p. 3.

和易用性。各国政府应在制定与执行政策、计划和标准时与相关利益攸关方，包括与妇女、儿童和青年、残疾人、穷人、移民、土著人民、志愿者、业界团体和老年人互动协作，同时肯定政府的领导、管理和协调作用。公共和私营部门、民间社会组织以及学术界和科研机构需要更加密切合作，创造协作机会，企业也需要将灾害风险纳入其管理实践。[1]

对于如何整合主体间公共安全管理关系，国内外学界均有深入探讨。一是有关政府内部之间的关系问题。纵向方面，Mike Douglass 等提出灾难治理与分权的概念。认为当前需要创造一种更适应不确定性和难以预测的安全的治理模式，传统集中性的政府公共安全管理由于关注更高层面的风险、忽略地方风险而出现失败，因此治理和资源向下分权成为调整管理关系的重要方向。[2]《世界城市报告（2016 年）》提出分权的三个维度：行政意义上的分权、财政意义上的分权以及政治意义上的分权，并解释了分权如何有效推进政府治理。[3] ANVIL 在欧洲地区的实践调查发现，各国均有复杂的制度安排和不同程度的集权化。[4] 民事安全体系设置往往比其他政策领域更为分散，地方和区域机构实践获得程度不一的授权，在应急服务和消防队相关行动中体现尤为明显。不过，在涉及复杂威胁（比如流行病或核灾难）的整体民事安全政策制定中，权力下放的特征表现不明显。另外，不同国家地区集权、分权情况存在较大差别，这反映出各国不同的文化传统和制度安排。如西欧和北欧的国家更倾向于采取分权的组织形式，中东

---

[1] United Nations Office for Disaster Risk Reduction, *Sendai Framework for Disaster Risk Reduction 2015-2030*, The Third UN World Conference in Sendai, March 18, 2015.

[2] M. A. Miller and M. Douglass, *Disaster Governance in Urbanising Asia*, Singapore: Springer Singapore, 2016, pp. 13-39.

[3] UN-Habitat, *World Cities Report 2016: Urbanization and Development- Emerging Futures*, UN-Habitat HS/038/16E, May 18, 2016.

[4] 中国应急管理研究基地：《欧洲民事安全体系及欧盟在共同危机管理能力建设中的作用》，《中国应急管理》2015 年第 7 期。

欧以及东南欧地区尤其是波罗的海国家和巴尔干半岛国家，则选择更为集权化的、自上而下的民事安全体系。横向方面，政府不同部门之间、区域间政府管理关系整合是另一个调整方向。整体政府理论提出在承认且尊重部门边界的前提下建立一种联动机制，从技术层面有效整合不同政府部门的公共资源，进一步优化应急管理体系。国外十分重视区域层面的政府合作，如美国全国各州签订州际应急救助协议（EMAC）以推进公共安全区域互助，日本也有类似的区域间相互支援协议。

二是关于政府和社会各主体之间的公共安全管理关系整合，构建伙伴关系是重要的方向。国际风险管理理事会（IRGC）2005年提出"包容性风险治理"的概念，并且依据风险特征构建了利益相关者责任框架。[①] 2011年以后，美国在全国响应各框架中均把"engaged partnerships"作为指导原则，为致力于发挥伙伴关系的积极作用，构建了从社区、地方政府、州政府、区域政府再到联邦政府的全层次的协调机制，并使相关参与主体的责任框架化。日本致力于建立全社会应对公共安全危机的协同关系。阪神大地震后，日本政府从防灾对策的实效性角度，提出"自助、共助、公助"三要素减灾理念，鼓励和支持构建市民自主防灾组织和企业自身防灾体系。日本创设了培养防灾士的机构，设立了综合危机管理士制度，都是非营利的组织法人机构。支持企业推进业务连续性危机管理模式，并把是否引入有效的业务连续性管理作为政府选择企业合作伙伴的一个必要条件。[②]《2014全球风险报告》提出"灾难治理问责"概念，认为有必要加强"向下问责"，以与"向上问责"相匹配。"向下问责"指的是确保受援者得到救助、灾区得以重建，"向上问责"是为了免去出资方对浪费

---

① The International Risk Governance Council, *Risk Governance-towards an Integrative Approach*, IRGC No.1, September, 2005.
② 王德迅：《日本危机管理体制研究》，中国社会科学出版社2013年版，第99页。

和腐败的担忧。① ANVIL在欧洲的调查发现②，一些国家施行具有广泛约束力的条款，如强制性民防服务或强制保险，而另外一些国家（如马耳他、荷兰和塞尔维亚）则没有正式规定公民在民事安全领域的责任和义务。此外，不同国家公共部门和社会组织之间的协调关系和合作正式度存在很大差别。有着新法团主义的中欧国家（如奥地利）偏好接纳在官方注册的、拥有较多会员的团体，并将之视为民事安全体系的核心优势之一。相反在英国等一些国家中，社会群体倾向于以非正式形式参与民事安全活动。东南欧国家（如罗马尼亚和塞尔维亚）中社会对于国家保护公民抱有较高的期望，但同时对政府机构及其在接纳公民参与方面的努力持比较谨慎的态度。"以责任为基础的能力导向"是国际上对于调整政府与社会管理关系的最新思考。美国在《全国准备目标》中提出了三十一项"核心能力"，并在预防、保护、减缓、响应、恢复五个具体框架中进行分解，主体责任均围绕提升核心能力展开实践。《2015—2030年仙台减少灾害风险框架》提出减少灾害风险需要全社会的参与和伙伴关系，还需要增强人民权能，推动包容、开放和非歧视的参与，同时特别关注过度受灾人口，尤其是穷人，建议将性别、年龄、残疾和文化视角纳入所有政策和做法，还应增强妇女和青年的领导能力，等等。③

国内学者比较注重从理念论视角探讨公共安全管理责任分配和合作治理问题，提出责任意识、责任伦理、责任感等诸多概念，目前逐渐转向管理视角对此进行研究。段伟文指出这一问题属于公共政策范畴，认为风险社会中公共政策的基本内容是风险分配。④ 此外，他提

---

① World Economic Forum, *Global Risks 2014*, World Economic Forum 92-95044-60-6, January 16, 2014.
② 中国应急管理研究基地：《欧洲民事安全体系及欧盟在共同危机管理能力建设中的作用》，《中国应急管理》2015年第7期。
③ United Nations Office for Disaster Risk Reduction, *Sendai Framework for Disaster Risk Reduction 2015-2030*, The Third UN World Conference in Sendai, March 18, 2015.
④ 段伟文：《面向风险社会的公共政策架构》，《求是学刊》2003年第5期。

出了本研究认为比较重要的若干议题：一是从社会建构论视角解释公共安全风险生成，认为风险由处于社会权力结构或权力场域中的地位和旨趣不尽相同的利害相关者相互博弈并建构起来，这一定义实际上引入了从权利视角思考问题的方式，并通过风险生产界定了管理主体的范围；二是提出基于责任的公共政策架构，认为责任优先于权利，应以责任的承担作为维持和获得权利的最终依据（但是这一观点还缺少张力，本书在此基础上提出以责任为基础的能力导向框架，使得责任分配具有了新的积极意义）；三是认为责任分配过程是利益相关者的博弈过程，为使各利益相关者分担风险的责任和承担能力一致，应从确定公众基本的信息权利（information right）入手，增强治理和决策过程的透明度。为了有效减少风险、合理配置利害，各主体必须尽可能主动地提供信息，确保其他利害相关者的风险信息权利。同时，必须引入回应和监督机制，动态调整责任关系。回应风险和挑战是责任概念的核心内涵之一，意味着对其他利害相关者的要求作出及时负责的响应。国内学者还在细节上提出许多构建政府和社会各主体间合作关系机制的建议。刘承水认为，我国公共安全管理责任系统可以分成行政责任系统和社会责任系统，两者是并列的关系。[1] 其中前者属于管理的强相关主体，在灾害应对中具有不可推卸的责任，主要是政府机构和事业单位这些组织，以及这些机构对于管理权责的确认、效率的评价和管理不当时的问责；后者属于管理的弱相关主体，又可细分为有组织的社会责任系统（如协会、学会等半官方的组织以及企业、部分事业单位等非政府组织）和非组织化的社会责任系统（主要指普通公民）。周欣等建议，从主体认知机制、互利互信机制、沟通协调机制、责任共担机制和监督问责机制五大具体子机制入手，构建以政府为核心的多元主体间的公共安全跨界合作机制。[2] 钱洁等认为，

---

[1] 刘承水：《城市灾害应急管理》，中国建筑工业出版社2009年版，第28—29页。
[2] 周欣等：《城市公共安全服务的跨界合作机制研究》，《决策咨询》2015年第3期。

公共安全合作需实现主体间的自组织式的联系，必须以政府权威机构的身份从规则、程序、技术等方面赋予自组织权能，构建多元主体共同参与的公共安全供给网络。①

国内研究的最新动向是，开始注意到公共安全下政府—社会管理关系不是简单的责任分配或再分配问题，而是如何以责任为基础、面向管理权利或权能提升构建更加积极的管理关系。王海明提出"治理权"的概念，认为公共安全治理的公共性，关键是治理权的公共性。②治理权存在着主体与行使者之间的分离。行使治理权，不仅需要获得法律授权或者社会认可，更需要治理意志上和治理行为上实践公共意志、坚持公共利益。公共安全治理权需要一个怎样的体系来维系公共意志的形成、公共意志的贯彻以及公共意志的监督，需要从主体对行使者的评估需求出发来判断。社会主体是否享有治理权，主要考虑两个因素：一是资源对公共安全治理的必要度或参与度；二是治理技术的有效性。建议面对复杂性不断增强的现代社会，构建一个全新的混合型公共安全治理系统。治理权力调整的一个基本趋向是：从政府包办公共安全治理转型为政府主导；理想结果是：最大限度激发主导者、协同者、参与者的治理能力和治理活力，最大限度增加治理资源的供给和投入，最大限度减少障碍和阻力，最大限度消除不稳定和风险因素。这一观点与《仙台减少灾害风险框架》的观点有相似性，但是相比还有扩展的空间，后者认为社会主体具有广阔的责任基础，关键是如何增益权能。

（三）过程要素层面

从过程要素看，公共安全管理关系面向全过程进行整合。全生命周期是国外学术界和公共安全部门普遍倡议和实践的管理理论。最新的动态显示：管理过程不断后向整合，以风险为中心的管理关系塑造

---

① 钱洁等：《我国社会公共安全协同供给模式的构建》，《行政论坛》2015年第3期。
② 王海明：《公共风险治理格局的转型调整》，《观察与思考》2016年第3期。

更为明显。这是第一个特点。从美国的情况来看，20世纪70年代美国国家公共安全管理体系建立初期，理念上认为公共安全管理职能是发生在突发事件之前、之中和之后采取的一系列行动措施，即突发事件准备、应对和恢复三阶段的管理周期。进入90年代，灾害减除开始得到理论界关注。世纪之交的美国公共安全管理文献中大量出现关于灾害减除的研究成果，美国联邦紧急事务管理署（FEMA）于1995年启动"国家减灾战略"，突出减灾职能。2000年，美国通过《灾害减除法案》，目的是建立全国性的灾害减除计划，并明确了灾害减除应履行的职能内容，认为灾害减除在突发事件发生之前已经为其应对做好准备，在事件之后的应对和恢复阶段总结灾难教训，以避免下一次灾难事件的发生，是"现在投入，将来受益"。[1] 灾害减除同准备、应对、恢复构成新的四阶段的管理周期。2011年"3·11"东日本大地震对美国社会产生强烈震动，鉴于国家公共安全形势和管理工作需要，时任美国总统奥巴马签发《总统政策第8号指令》，明确建立一种整体性的、全国的、以能力为基础的准备模式，以应对美国面临的国内综合性国家安全问题。从2011年开始，美国陆续发布《全国准备目标》《全国准备系统》，并将原《全国响应框架》细分充实为预防、保护、减灾、响应、恢复五个具体规划框架，明确每一框架的核心管理能力、管理主体责任、关系协调机制等，并依据能力配置管理资源。[2] 这样，公共安全管理内容就从过去的四阶段扩展到预防、保护、减缓、应对、恢复五个阶段的生命周期。

公共安全管理关系进行过程整合的第二个特点是，减灾阶段风险管理关系模式的深度整合。1996年，FEMA提出"减灾型社区活动"计划，提出建立由利益相关者组成的伙伴关系，鼓励社区主动采取行动减少灾害发生。到2001年计划结束前，全美各州共建成约250个

---

[1] 夏保成：《美国公共安全管理导论》，当代中国出版社2006年版，第158—168页。
[2] 李雪峰：《美国应急管理规程体系建设的启示》，《行政管理改革》2013年第2期。

减灾型社区，取得了良好的减灾防灾效果，不仅受到社区的欢迎，也得到美国国会认可。2001年"9·11"事件后，美国政府还提出"防灾型社区"（Disaster Prevention Community）概念和"可持续减灾计划"，推行以社区为基础的全新灾害减缓计划。2001年"国际减灾日"，联合国提出"发展以社区为核心的减灾战略"的倡议。2005年，世界减灾大会发布《2005—2010年减灾规划》，提出在所有社会阶层，特别是社区，建立应急机制和提高应急能力。从防灾减灾的效益来看，瑞典是世界上第一个开展减灾社区建设的国家，其社区伤害预防计划实施后不到两年半即获得积极成效：社区内交通伤害减少28%，工伤事故伤害减少28%，家庭伤害减少27%，学龄前儿童伤害减少45%。WHO社区安全促进合作中心在对全球减灾社区进行综合分析之后认为，成功开展减灾社区建设的社区，事故与伤害可减少30%—50%。[1]

从国外研究情况可以看出，相比较自上而下的单纯以责任分配进行公共安全管理关系调整，以风险为中心、以管理主体能力提升为导向的公共安全管理关系整合重塑更具有积极成效，也在运行中更容易实施。ANVIL在欧洲地区的研究显示，社会和民事安全深深植根于当地知识和民众支持，政府应该担当跨界合作的协调者和促进者，注重减少合作障碍，提供资源支持，培养主体能力，而非扮演自上而下驱动者的角色。[2]

国内学者也注重从过程视角研究公共安全管理关系。容志基于公共安全管理的减灾、控灾、救灾、缓灾四阶段生命周期过程，对政府管理主体以及社会主体进行整合。[3] 钟开斌提出了跨界危机治理的更

---

[1] 张海波：《社区在公共安全管理中的角色整合与能力建设》，《江苏社会科学》2011年第6期。

[2] 中国应急管理研究基地：《欧洲民事安全体系及欧盟在共同危机管理能力建设中的作用》，《中国应急管理》2015年第7期。

[3] 容志：《从分散到整合：特大城市公共安全风险防控机制研究》，上海人民出版社2014年版，第81—86页。

宏大的"多层级—多主体—多阶段"整合框架。① 多层级指跨界危机在发展变化过程中，自下而上纵向多层级之间的指挥权、协调权隶属关系处在不断变化当中。多主体是指跨界危机治理是一个由不同主体组成的网络结构，表现为部门之间、地区之间、政府与私人部门以及社会组织等不同主体间的横向关系。多阶段指跨界危机在发展过程上具有次生、衍生、耦合、变异等不同的演化模式。他认为推动跨界危机治理从灰色博弈到合作治理转变，需要进行多元整合，重在加强制度建设，使各方积极承担责任，鼓励相互积极开展跨界活动，实现相机协调。

## 第三节　有关风险所有权的研究

从文献情况来看，风险所有权最初是来源于风险管理领域的一个概念，新近才被学界提出和讨论，研究文献相对短缺，但观点较为明确。

### 一　国外研究文献及其观点

从国外来看，2013 年国际风险管理理事会（IRGC）在其报告《新兴风险治理》中提出风险所有权（risk ownerships）的概念设想。② 认为在某一风险未发生之前，难以确定或安排谁来对风险或者问题进行负责，比较现实的做法是设立一个管理机构、委员会或者一套程序，负责对潜在的新兴风险进行监视，一旦出现不确定因素时开展早期风险评估（IRGC 还用"home"一词来表达风险所有权的"所有"这一层意思）。风险经充分评估和确认后，则转交给别的部门，按照

---

① 钟开斌等：《跨界危机的治理困境》，《行政法学研究》2016 年第 4 期。
② The International Risk Governance Council, *Public Sector Governance of Emerging Risks*, IRGC 978-2-9700772-5-1, May, 2013.

业已建立的制度和程序进行风险处置。新兴风险所有权分配存在多种制度化的选择，在一些国家和地区，政府通常都被认为有足够的准备和能力负责管理对公共社会产生影响的新兴风险，而另外一些地区则相反，公众接受了更高的风险教育，可以独立应对或者参与到社区组织中分享风险信息、共同应对。只有当管理机构或者管理者充分负起责任来，风险才可以实现最终管理，这在新兴风险中更具有重要意义。通过划定机构和管理者责任（accountability and liability）确立风险所有权，并鼓励风险主体实施有效的管理行为。

## 二 国内研究文献及其观点

唐钧在2015年提出并论述了政府风险所有权理论。[①] 认为政府复杂风险管理活动必须建立在分类、分责、分级管理的基础上，而风险所有权是推进分类、分责和进行分级式动态管理的基础。通过明确风险所有权明确责任归属，可以有效落实风险管理的具体工作，从而为风险管理工作的责任管理奠定基础。风险所有权的归属划分，应坚持风险与职能相匹配的原则，根据外部的风险特征与内部的部门职能来分配风险所有权的归属。同时，风险所有权的划分也决定了部门机构的设置。在不同的政府管理领域中，根据不同的风险所有权限与责任归属，设置相应的风险管理部门机构。但是，政府风险所有权的划分不是一件简单的事情，主要来自两个方面的影响：一方面与风险的复杂性、多样性、动态性有关。（1）政府风险管理范畴内的事务本身就纷繁复杂，并经常互为因果和相互关系，导致政府机构之间风险所有权界定模糊。在实际操作中，往往采用责任倒查机制来追责。（2）社会或市场的事务有可能转化为政府事务，私人领域的事务也有可能演变为公共事务。当私人事务反映的是普遍的社会问题时，或者当私人

---

① 唐钧：《政府风险管理：风险社会中的应急管理升级与社会治理转型》，中国人民大学出版社2015年版，第75—80页。

事务积聚到一定程度时，一旦遇到导火索，很快会转化为受广泛关注的公共事务，因而导致政府与社会之间的风险所有权界定模糊。由于政府处于公共事务权威管理主体的地位，无论发生什么类型的社会风险，政府都不可避免地需要承担责任。（3）低等级的政府管理活动风险可能由量变到质变，升级为中高等级风险。风险本身的关联性和衍生性，容易使危机扩大和蔓延，演变为重大公共事务，随着风险的发展演变，风险所有权的大小也会出现变化。随着管理事项的多样化，政府管理活动风险所有权变得更为复杂，导致风险责任归属更为混乱，尤其是在风险责任共担和联动应对风险方面，问题更为突出。另一方面，政府系统运行模式容易导致责任边界的模糊和责任推诿现象的存在。政府风险环境具有开放性，导致风险责任边界模糊，多个责任主体职责交叉，风险责任所有权不明。与私人部门风险管理的明确边界和有限责任相比，政府的风险管理与危机应对存在事项庞杂、边界模糊、责任递增的特征，且风险所有权复杂，风险责任归属混乱。同时，开放的风险环境中的"安全孤岛"、碎片式思维、部门壁垒现象、利益本位观念等问题，导致风险责任联动欠佳。因此，政府风险分类中需要全面加强责任管理，既要在静态中分清楚责任存量，又要在动态中统筹好责任增量。

魏华林在《中国城市风险及其治理方式》一文中也提到了风险所有权的概念，并依据风险所有权对城市风险进行了分类。① 他认为，从理论上看，判断城市风险的标准是"风险所有权"。风险所有权强调的是风险管理的责任主体，主要有风险制造者、风险受害者、风险受益者、风险管理者四种。从风险所有权视角可以将城市公共安全风险划分为三类：一是自然类风险，既涉及无法防治的自然灾害导致的风险，如地震、火山等；也包括各种可以防治的自然灾害导致的风

---

① 魏华林：《中国城市风险及其治理方式》，中国城市风险服务体系建设座谈会论文，北京，2016年5月，第1—5页。

险，如因规划不周或防御不当而导致的城市内涝等。二是社会类风险，包括由社会发展、结构转型等客观因素导致的风险，也涉及由某一群体或个体的不当行为所引致的安全风险。三是政府类风险，涉及由政府处置不当、应对不力等导致的"硬风险"，以及官员不当言辞等导致的"软风险"。据此认为，不同风险源各有其风险所有权主体，风险治理应明确主体间的风险所有权归属，各担其责，实现共治共管。

## 第四节 文献评价与分析

综合国内外研究现状来看，目前学界在公共安全与公共安全管理关系等议题研究上具有若干共同研究趋向，这为本书重构风险所有权概念，并运用这一概念工具开展公共安全治理研究，提供了较为扎实的文献支持和十分明确的研究启示。具体而言：

第一，从公共安全研究看，笔者梳理了国内外研究观点，认为对公共安全概念可以进行新的结构性整合。本书认为公共安全指面向社会主体的、在形态上表现为风险—突发事件—危机连续链式关系的、各类非传统安全的总和。在这里，公共安全就具有清晰的要素结构：主体要素、安全要素、过程要素。由此，笔者认为公共安全的概念可以称之为"主体—安全—过程""三位一体"式概念。这个概念讨论和提出的价值在于：一是相比较过去扁平式地定义公共安全概念，"三位一体"的整合视角使对公共安全的认识更深入，并自成分析框架；二是"三位一体"式概念给出了公共安全管理关系的清晰定义域，并为从公共安全管理关系切入重构风险所有权概念提供合理依据。

第二，从公共安全管理关系的运行分析看，通过公共安全管理学、社会学、法学等多学科视角的考察，发现目前国内外学界对公共安全管理关系的研究有若干新的共识，总体上认为公共安全管理关系运行表现出权利导向。具体而言：一是面向全风险、全主体、全过程进行公共安全管理关系的调整成为一致共识；二是突破单纯的责任分配、以责任为基础的权利/权能/能力导向成为公共安全管理关系调整的新思维，权利视角提供了理解公共安全责任关系的独特思路；三是公共安全管理中风险预防或减缓可以获得更大的安全效益，处理风险预防阶段的公共安全管理关系、围绕风险配置管理资源和提升管理能力有其合理性；四是公共安全管理关系的调整和重塑没有普适道路，但均扎根于当地实践。这些基本共识使本书能充分观照公共安全管理关系出现的新变化，并为从公共安全管理关系视角切入来重构风险所有权概念提供合理依据。

第三，从风险所有权的研究看，通过对国内外关于风险所有权这一概念的认识和观点，发现目前学界对风险所有权的研究还处在起步阶段，在风险所有权基本概念定义上还存在扩展的必要性，运用风险所有权概念工具分析公共安全管理问题还存在空白。从所有权视角重构风险所有权概念，然后运用这一概念工具搭建公共安全治理的分析结构，就成为本书研究的基本内容。

第二章

# 相关基础理论分析

本章进行风险所有权的基础理论分析,为风险所有权概念重构提供理论铺垫。重点探讨风险社会理论、公共治理理论、所有权理论和中国特色社会主义新时代公共安全理论。风险社会理论提供阐释公共安全管理的重要理论框架,主要有贝克的风险社会学说、吉登斯的积极反思理性理论和道格拉斯的风险文化理论等观点;公共安全治理是公共治理的重要领域,公共治理理论主要从公共治理的基本理论、治理失效理论、善治理论三个角度展开分析,并指出公共治理反思性的新特征;所有权理论主要从法学和经济学的二重角度展开讨论,其主要观点指出所有权内容表现为行为性权利,由占有、使用、处分和收益等主要权能构成,所有权形式是社会治理的制度安排,不同所有权形式代表不同的社会治理模式;公共安全理论方面,梳理习近平总书记关于安全的重要论述等党的重大理论创新成果,从九个方面介绍中国特色社会主义新时代公共安全理论的内容。

## 第一节 风险社会理论

风险社会理论提供了具有范式意义上的、阐释公共安全管理的最重要框架。代表人物主要有贝克、吉登斯、道格拉斯等,学术观点之间相互有影响、比较和发展。

## 一 贝克的"风险社会学说"

贝克的"风险社会"是分析公共安全管理关系最为重要的理论框架之一。风险社会理论以制度和管理关系为中心议题。风险被定义为一种系统处理由现代化本身诱发和引入的危险以及不安全的方式。风险社会指的是一组特定的社会、经济、政治和文化的情境，它要求当前的社会结构、制度和联系向一种包含更多复杂性、偶然性和断裂性的型态转变。贝克指出，"在风险社会理论中，'环境'问题不再被视为一种外在的问题。相反的，它们从理论上被放到了制度的中心"[1]。这里的"方式""型态""制度"本质上为在寻求与现代性风险相匹配的、适应性的公共安全管理关系，贝克称之为"反思现代性"/"自反性现代化"，即反思性的公共安全管理关系。斯科特·拉什认为，贝克和吉登斯关于风险社会的理念是制度主义的。[2] 风险社会理论提出了"人造风险""人为制造的不确定性""有组织的不负责任""风险定义关系""危险的社会爆发""个体化""反思性""政治化""远见卓识的国家"等成系统的概念集，旨在为分析和论证制度化的"风险社会"这一公共安全管理关系提供完整的框架性支持。整个理论的逻辑过程表现为：运用风险概念分析风险社会的特定情境——运用个体化和反思理性设定论述制度化公共安全管理关系逻辑——输出新的公共安全管理关系。具体分析如下：

工业社会向风险社会转换中"风险—公共安全管理关系"匹配失衡存在于两个方面。一是从风险角度看，由于"人为制造的不确定

---

[1] ［德］乌尔里希·贝克：《再谈风险社会：理论、政治与研究计划》，赵延东译，载［英］芭芭拉·亚当、［德］乌尔里希·贝克、［英］约斯特·房龙编著《风险社会及其超越：社会理论的关键议题》，赵延东、马缨等编译，北京出版社2005年版，第340页。

[2] ［英］斯科特·拉什：《风险社会与风险文化》，王武龙译，《马克思主义与现实》2002年第4期。

性",风险世界是一个超出了传统的风险概念及其暗含的二元预设范围的世界。贝克指出,风险社会不是一项可以在政治争论中选择或拒绝的选项,相反它是发达工业化的一种无法逃避的结构情境,在此情境中,由该系统所生产的危险已经侵蚀并且破坏了当前由深谋远虑的国家建立起来的风险计算的安全系统,其在时间和空间上没有限制,不能通过因果律加以把握,从而也就无法防卫、补偿或保险,其平衡只能在保险之外寻求。① 二是从公共安全管理关系看,贝克认为,在资本主义、传媒、科学与政治之间浮现出一种新的表述系统,其在制度层面已经存在,主要形式表现为(生物)化学、遗传学以及和工业中的重大工程的不安全性,以及与此相联系的有关可计算性/不可计算性、可判断性/不可判断性的悖论式的联合表述,灾难性潜能超出人们可了解的范围,使得风险的计算变得不可能。② 这里的表述系统,实际上就是指风险的"定义关系",贝克称之为"危险的社会爆发"。在于科学、政治、传媒、法律以及商业基本上还是作为一种确定的专家技能和知识/权力来运作的,因此它们要么倾向于把科学的相对主义或概率逻辑转译为一种确定性陈述或事实,要么倾向于只把资助或赞助给予那些从在社会—政治或经济意义上可接受的、将关注点集中于事实或可量化内容的研究。而由此导致的后果,就是否认作为一种尚未发生事实的风险的根本矛盾性和非决定性,否认技术的灾难潜能,造成危险的社会爆发。显然,基于工业控制逻辑的公共安全管理关系不仅未能适应现代风险的要求,而且掩盖了风险的真实潜

---

① [英]芭芭拉·亚当、[英]约斯特·房龙:《重新定位风险:对社会理论的挑战》,赵延东译,载[英]芭芭拉·亚当、[德]乌尔里希·贝克、[英]约斯特·房龙编著《风险社会及其超越:社会理论的关键议题》,赵延东、马缨等编译,北京出版社2005年版,第10—11页。

② [英]芭芭拉·亚当、[英]约斯特·房龙:《重新定位风险:对社会理论的挑战》,赵延东译,载[英]芭芭拉·亚当、[德]乌尔里希·贝克、[英]约斯特·房龙编著《风险社会及其超越:社会理论的关键议题》,赵延东、马缨等编译,北京出版社2005年版,第18—19页。

能，寻求新的适应性的公共安全管理关系成为风险社会的核心议题。

个体化和反思性提供了新的制度化关系逻辑。贝克将个体化视为一种新的社会化模式的开端，一种个体和社会间关系的"变形"或者"范畴转型"。① 基于个体化的反思性亦具有相似特点。制度化关系的逻辑过程表现为：个体化及其制度依赖、反思性的制度化以及管理关系的制度化方向选择。贝克认为，个体化是指文明进程的某些"主观—生涯"性的方面，可以从解放的维度、去魅的维度（稳定性的丧失）、控制或重新整合这样三个连续的维度来分析个体化及其制度依赖。② 发达工业社会中，伴随生产领域而来的诸如教育和可支配收入水平的普遍提高、劳动关系的司法仲裁以及保留基本的不平等社会关系的社会构成变化，使得人们从基于身份的社会阶级关系和义务中脱离出来，创造出一种个体化的生活情境和生涯类型。这表现为传统稳定感的丧失，在文化生活中不再有什么集体良知或社会参照单位作为补偿，不再是社会阶级代替身份群体的位置。对于生活世界中的社会性来说，个体自身成为再生产单位，成为以市场为中介的生计以及生涯规划和组织的行动者。但是，由于个体境况彻底依赖于劳动市场，这一社会生涯状况的分化同时伴随着高度的标准化。不过贝克认为，个体化和标准化的共时性还没有适当地包含新兴的个体境况，"它们表现出一种新的特征，跨越了分离私人领域和形形色色的公共领域，不再仅仅是私人情况，而且总是制度性的。"③ 这就是依赖制度的个体境况，制度的外表成为个体生涯的内在品质。贝克认为，类似福利国家的管理和支持、教育、消费供应以及医学、心理学和教育学咨询和

---

① ［德］乌尔里希·贝克：《风险社会》，何博闻译，译林出版社2004年版，第155页。
② ［德］乌尔里希·贝克：《风险社会》，何博闻译，译林出版社2004年版，第105—110页。
③ ［德］乌尔里希·贝克：《风险社会》，何博闻译，译林出版社2004年版，第160页。

照料都是指向个体境况的制度依赖的控制结构。①

个体化过程中,阶级差异退回到相对于个体化的境况和生涯"中心"而言的后台,拥有同样收入水平也即过去在同一"阶级"中的人们,从其"阶级"地位出发,不再能够确定其观点、关系、社会和政治理念与认同,个体自身具有了反思性。由于个体化的制度依赖,反思性也具有制度化特点。贝克认为,反思性制度化表现为:一是反思性在特定制度背景下进行,个体将"社会"作为一种"变量"进行个体化的操作,通过适合个人行动领域并与可能的接触和行动的"内部分化"相对应的"创造性的措施"来进行中和、破坏和缓和。②二是制度和社会产生的风险与矛盾的"闸门"向个体敞开,表现为随着制度依赖的增长,个体境况遇到危机的可能性也在增加,从而对个体反思性提出更高的要求。过去诸如灾害、流行病等个人并不担负责任的事件,现在变成有关"个人失败"的事件,要求人们管理自我,改变这种个人失败现象。三是反思性制度化本质上提出了对教育、医疗、风险服务以及政治等各种依赖性制度的需求,制度化管理关系集中表现为国家或政府提供上述制度。

适应性的公共安全管理关系内容由"风险社会""远见卓识的国家"等要点构成。"风险社会"确立以风险为中心的管理观,风险是思考问题的"总开关"和出发点。贝克解释到,自己有关风险社会的研究的精髓,在于指出人为制造的不确定性的组织缺乏制度性整合。③"风险社会"是一种反对"风险排斥社会"的主要制度形式的制度化表述,制度化不是关于物质性、确定性的统治,新的制度整合更多的

---

① [德] 乌尔里希·贝克:《风险社会》,何博闻译,译林出版社2004年版,第160页。
② [德] 乌尔里希·贝克:《风险社会》,何博闻译,译林出版社2004年版,第160—168页。
③ [英] 芭芭拉·亚当、[英] 约斯特·房龙:《重新定位风险:对社会理论的挑战》,赵延东译,载 [英] 芭芭拉·亚当、[德] 乌尔里希·贝克、[英] 约斯特·房龙编著《风险社会及其超越:社会理论的关键议题》,赵延东、马缨等编译,北京出版社2005年版,第7—8页。

表现为对不确定性、复杂性、偶然性和混乱性的散漫建构所施加的束缚。阿兰·斯科特认为，一个排斥风险的社会中，生活本身也是令人窒息的，实际上存在一个有关"多安全才安全"的议题。① 风险社会中，"人造风险""人为制造的不确定性"本质上体现为一种定义关系、建构关系，并由此设定了公共安全管理关系的风险社会背景。贝克坚定地认为，风险对于社会定义与建构是开放的，没有什么事实能够独立地置身于以语境、位置、视角、利益以及对风险定义和着色的权力为基础的解释的相对化影响之外，科学专家、政治家、法律专业人员、大众传媒、公众都处在定义关系域中，并称之为"反思性的定义关系"。② 贝克认为一个自称是风险社会的社会是一个反思性的社会，其行动和目标的基础将成为公众的科学与政治争议的目标，称之为"非政治化领域"的重新开放。③

"远见卓识的国家"是贝克用来描述理想化公共安全管理关系的名词。这一概念最早由弗兰西斯·埃华德提出。贝克认为，埃华德的理论标志着对福利国家解释的一种显著转变。④ 当大部分社会学家仍在试图通过阶级利益、保持社会秩序和提高国家生产率和军事力量来解释福利国家的根源和建设问题时，埃华德在论述中强调了提供服务

---

① 阿兰·斯科特：《风险社会还是焦虑社会？有关风险、意识与共同体的两种观点》，赵延东译，载［英］芭芭拉·亚当、［德］乌尔里希·贝克、［英］约斯特·房龙编著《风险社会及其超越：社会理论的关键议题》，赵延东、马缨等编译，北京出版社2005年版，第65—66页。
② ［英］芭芭拉·亚当、［英］约斯特·房龙：《重新定位风险：对社会理论的挑战》，赵延东译，载［英］芭芭拉·亚当、［德］乌尔里希·贝克、［英］约斯特·房龙编著《风险社会及其超越：社会理论的关键议题》，赵延东、马缨等编译，北京出版社2005年版，第6—7页。
③ ［德］乌尔里希·贝克：《再谈风险社会：理论、政治与研究计划》，赵延东译，载［英］芭芭拉·亚当、［德］乌尔里希·贝克、［英］约斯特·房龙编著《风险社会及其超越：社会理论的关键议题》，赵延东、马缨等编译，北京出版社2005年版，第337页。
④ ［德］乌尔里希·贝克：《再谈风险社会：理论、政治与研究计划》，赵延东译，载［英］芭芭拉·亚当、［德］乌尔里希·贝克、［英］约斯特·房龙编著《风险社会及其超越：社会理论的关键议题》，赵延东、马缨等编译，北京出版社2005年版，第342—343页。

（健康保障）、保障计划的创建以及旨在创建安全的对经济和环境的规制。贝克认为，这种"远见卓识的国家"模型与西欧大陆国家的制度与程序最为接近，而与盎格鲁—美利坚的资本主义制度以及斯堪的纳维亚的社会民主国家制度相去甚远。

**二 吉登斯的"积极反思理性理论"**

吉登斯是对贝克风险社会学说丰富和发展的最重要学者之一。贝克虽然提出了个体反思性、反思现代性关系的概念，但是他对这一概念的阐释还较为狭窄，是有限的反思性，国家和社会之间的关系还不具有张力。吉登斯从更宽泛意义上理解反思性概念，提出积极反思理性的观点。吉登斯关注自反性现代化在个人层面的运作，提出"积极市民"的概念。认为风险社会中市民的一个重要转变，就是个人更多地意识到自己的社会环境及自己作为主体在其中的角色。个人不仅会感知风险并承担减少风险的责任，而且还会用心计算，保护自身利益。同时，对专家和公认权威的信任却日渐衰退，人们越来越多地看到了官方决策者的缺点，以及世界上其他地方解决问题的不同方案。工作、婚姻、家庭和社区都倾向于打破生命过程中已有的传统秩序。这导致了更为严重的个人化，以及更多的不确定性和焦虑。在这种环境下，个体化的风险社会世界公民越来越意识到有责任管理他们在自己生活中感受到的风险，并在这个意义上"自创人生经历"。在自反性现代化概念之上，吉登斯提出了"积极信任"的概念。认为积极信任越来越多地与现代社会中对抽象制度（如由科学家、医生和其他专业人士代表的专家体系）的一般性信任相伴随。积极信任只能赢取地位或性别角色，而不能事先决定。这种信任是自主授予的，因此是社会凝聚力的强大源泉。风险社会具有更多的不确定性，公共决策依赖的是"聪明的市民"（见多识广、有批评政策的能力）和对话式治理，政府必须努力争取积极信任。

不过，反思性概念及其理论观点也引发了其他研究者在实践层面上的争论和批评。Mythen 认为，贝克主要在制度层面进行探讨，把制度的个人化解释为在个人层面可能成功可能失败的过程，忽视了社会群体之间存在的差异。① 他关注的是社会阶层角色的削弱以及个人主动选择的重要性，低估了社会阶层类别固有的解释力。奎尔加和阿伯特通过实证研究表明，人们并不像风险社会理论中假设的那样善于寻找个体化解决之路，很多人依然相信国家应该提供安全福利，他们对私营部门是否有能力保护存在疑虑。② 贝克在风险社会理论中极少认可市场的作用，如认为风险外在化与保险已经无法起到作用。Baker 和 Simon 认为，现在对保险作用的理解发生了根本转变，通过保险加强团结、分摊风险的观念逐渐过时，取而代之的是一种更积极更实干的路径，名为"拥抱风险"。③ 市场的回归伴随着文化的变迁，推崇商业企业、证券市场机制和其他高风险金融活动的成功，并鼓励更多人参与这类活动。Mythen 认为，风险社会理论不仅关涉风险的个人化和日常化，还关涉更大范围内责任从体制向个人的转移，国家在资本主义文化中后退了，导致了公信性尺度失衡，政府甩掉了风险的责任。④ 受此影响，新的政策研究既关注个体化趋势的增强，也关注日益增长的政府调控，试图在个人责任和国家监管两个方面把握理论研究的恰当方向。

### 三　道格拉斯的"风险文化理论"

不同于贝克和吉登斯的风险社会学说，道格拉斯等给出了公共安

---

① Mythen, G., "Employment: Individualization and Insecurity: Rethinking the Risk Society Perspective", *The Sociological Review*, Vol. 53, No. 1, February 2005, pp. 129-149.

② 转引自［英］彼得·泰勒-顾柏等《社会不平等与风险》，黄觉译，中国劳动社会保障出版社 2010 年版，第 221 页。

③ Baker Tom and Jonathan Simon, eds., *Embracing Risk: The Changing Culture of Insurance and Responsibility*, Chicago: University of Chicago Press, 2002, p. 1.

④ Mythen, G., "Employment: Individualization and Insecurity: Rethinking the Risk Society Perspective", *The Sociological Review*, Vol. 53, No. 1, February 2005, pp. 129-149.

全管理关系的风险文化前设条件,认为主体间的管理关系及其调整方向取决于其所在社会的组织类型及其文化特征。① 道格拉斯建立了"格栅"和"群体"两个维度概念,前者指的是个体生活受其社会群体角色制约的程度,在等级组织中高,而在平等组织中低;后者指对于某一群体的认同,个体属于某一群体时,认同强烈,反之则微弱。由此将社会分成四种不同类型的组合:"弱群体—高格栅"的孤立者类型、"弱群体—弱格栅"的个体主义者或竞争主义者类型、"强群体—弱格栅"的平等主义或派系主义类型、"强群体—强格栅"的等级主义类型。每种类型对应不同的风险文化,分别是:宿命论的风险观、个体主义或竞争主义的风险文化、平等主义或派系主义文化、等级主义风险文化。四种不同的社会组织类型及其文化特征对管理关系的影响为:(1)假设以孤立主义原则组织的社会,由于孤立者不愿意进入等级群体或平等主义类型中,又或是不具有能力因而被从竞争主义群体类型中排除出去,持有宿命论的风险观,难以建立起管理关系。(2)在以个体主义或竞争主义原则组织的社会里,强调竞争和淘汰、排斥外在干预,管理关系在个体层面表现为人们针对安全风险寻求个体化解决方案而非参与提供公共安全,在集体层面表现为人们会归咎于那些已经很脆弱的个体或群体,作为风险责任的"替罪羊",以拒斥政府干预,结果是不断强化了业已存在的社会分隔。(3)在以平等主义或派系原则组织的社会里,管理关系上有两种不同的观点:一种是派系无节制,具有激进性和暴力倾向,其在反对主流社会的文化斗争和符号斗争中建构风险,应受到谴责。另一种是派系没有等级制,通过紧密的情感性命令约束自身,其基础是友情、亲密群体,植根于共同实践,怀着对美好生活的憧憬,追求内在的善。如果想有效应对当代风险情境,派系主义所提供的资源是可以依赖的。(4)在以

---

① 转引自[英]斯科特·拉什《风险社会与风险文化》,王武龙译,《马克思主义与现实》2002年第4期。

等级主义原则组织的社会里，因其将风险归咎于外来者，所以通常产生强烈的群体凝聚力和高度规范的社会生活，在管理风险和不确定性时高度倚重社会制度提供的原则和程序，管理关系的调整以维护等级制、减少外来威胁为方向。在上述四种社会文化类型当中，斯科特·拉什认为，平等主义/派系的风险文化具有最现代的反思性，对于风险未预料后果的控制，只有通过风险文化尤其是通过有效的"解体组织"（派系）的灵活组织才成为可能。①

## 第二节　公共治理理论

公共治理理论十分丰富，笔者选取了对本研究启示较大的三方面内容：一是公共治理的基本理论，主要介绍公共治理的概念、特征、本质等；二是治理失效理论；三是善治理论，介绍公共治理理论的最新发展。

### 一　公共治理的基本理论

现代意义上的治理概念兴起于20世纪90年代的西方学术界，最初被用以分析政治学领域的各种现象，随后广泛用于社会经济领域，并从英语世界扩展流行到全球几乎所有国家和地区。研究治理问题的专家鲍勃·杰索普（Bob Jessop）介绍道："过去15年来，它在许多语境中大行其道，以至成为一个可以指涉任何事物或毫无意义的时髦词语。"② 那么，公共治理准确指涉的是什么呢？从目前学界对治理研究的大量文献观点分析看，公共治理主要具有以下五个方面的特征或表现：

---

① ［英］斯科特·拉什：《风险社会与风险文化》，王武龙译，《马克思主义与现实》2002年第4期。
② ［英］鲍勃·杰索普：《治理的兴起及其失败的风险：以经济发展为例的论述》，漆燕译，《国际社会科学杂志》（中文版）1999年第1期。

第一是合法性特征。用研究治理理论的权威专家格里·斯托克（Gerry Stoker）的观点来说，治理意味着一系列来自政府，但又不限于政府的社会公共机构和行为者。① 各种公共的和私人的机构只要其行使的权力得到了公众的认可，就都可能在各个层面上成为新的权力中心。俞可平则从治理兴起的视角分析合法性特征的来源，认为治理的理论逻辑起点在于市场与政府的失灵。② 市场失效指市场在解决外部性、约束个人的极端自私行为、提供公共品等方面存在着内在的局限，单纯的市场手段不可能实现社会资源的最佳配置。同样，仅仅依靠国家的计划和命令等手段，也无法达到资源配置的最优化，最终不能促进和保障公民的政治利益和经济利益。正是鉴于国家的失效和市场的失效，越来越多的学者开始关注和研究治理机制，试图解决市场和国家协调失败问题。弗朗索瓦·格扎维尔·梅里安认为，治理兴起于政府的管理性危机，其主要是指在一个各种不同的社会子系统不断出现并且越来越复杂的情境里，国家已经丧失了它的能力优势，难以预测自己的行为后果以避免产生有害的影响，政府有时候颁布不合时宜的标准，或者无必要的合法性使得各种群体执行标准。③ 雷纳特·梅因茨认为，管理危机和失败主要指由于社会的高度分化，各个子系统都相对封闭，中央政府难以对其进行控制，行政效率越来越低，传统的统治不再有效。④ 转向治理并倡导政府、市场以及社会合作，实现多中心治理，成为管理需求。奥斯本和盖布勒则将管理性危机的原因指向政府自身的体系，认为"我们相信工业时代的政府，具有庞大的、中央集权的官僚体系和标准化的'均码'服务，并不能应对一个

---

① ［英］格里·斯托克：《作为治理的理论：五个论点》，华夏风译，《国际社会科学杂志》（中文版）1999年第1期。
② 俞可平主编：《治理与善治》，社会科学文献出版社2000年版，第6—7页。
③ ［瑞士］弗朗索瓦·格扎维尔·梅里安：《治理问题与现代福利国家》，肖孝毛译，《国际社会科学杂志》（中文版）1999年第1期。
④ 雷纳特·梅因茨：《统治失效与治理能力问题：对一个理论范式的评价》，转引自俞可平《治理与善治》，社会科学文献出版社2000年版，第200—201页。

高速变化的信息社会和知识经济"①。当前政府的最主要失败只是一个方式，而不是结果。因此，寻求包含多元主体管理的新的关系模式是主要努力的方向，而不是用市场或社会模式来代替政府。需要注意的是，治理的合法性特征不同于政治上的合法性概念，主要是指向管理意义上的合法性，即多元管理主体的参与。

第二是法治性特征。俞可平指出，治理一词的基本含义是指在一个既定的范围内运用权威维持秩序，满足公众的需要。② 治理的目的是指在各种不同的制度关系中运用权力去引导、控制和规范公民的各种活动，以最大限度地增进公共利益。从政治学的角度看，治理是指政治管理的过程，它包括政治权威的规范基础、处理政治事务的方式和对公共资源的管理。它特别地关注在一个限定的领域内维持社会秩序所需要的政治权威的作用和对行政权力的运用。这种制度化关系内的持续协调互动过程，体现出法治性特征。

第三是透明性特征。格里·斯托克（Gerry Stoker）认为，治理明确肯定了在涉及集体行为的各个社会公共机构之间存在着权力依赖。进一步说，致力于集体行动的组织必须依靠其他组织；为达到目的，各个组织必须交换资源、谈判共同的目标；交换的结果不仅取决于各参与者的资源，而且也取决于游戏规则以及进行交换的环境，从而体现出透明性特征。③

第四是责任性特征。一方面是责任的转移与共担，治理意味着在为社会和经济问题寻求解决方案的过程中，存在着界线和责任方面的模糊性。它表明在现代社会，国家正在把原先由它独自承担的责任转移给社会，即各种私人部门和公民自愿性团体，后者正在承担越来

---

① Osborne, D. and Gaebler, T., *Reinventing Government: How the Entrepreneurial Spirit is Transforming the Public Sector*, New York: Plume, 1992, p.148.
② 俞可平主编：《治理与善治》，社会科学文献出版社 2000 年版，第 5 页。
③ [英] 格里·斯托克：《作为治理的理论：五个论点》，华夏风译，《国际社会科学杂志》（中文版）1999 年第 1 期。

多的原先由国家承担的责任。这样，国家与社会之间、公共部门与私人部门之间的界限和责任便日益变得模糊不清。另一方面是治理中的社会责任。格里·斯托克指出，治理意味着参与者最终将形成一个自主的网络，这一自主的网络在某个特定的领域中拥有发号施令的权威，它与政府在特定的领域中进行合作，分担政府的行政管理责任。[①]再者是治理中的政府责任。治理意味着办好事情的能力并不仅限于政府的权力、发号施令或者权威运用，还存在着其他的管理方法和技术，政府有责任使用这些新的方法和技术来更好地对公共事务进行控制和引导。

第五是回应性特征。有学者从治理与统治的区别来界定治理的这一特征。让-彼埃尔·戈丹（Jean-Pierre Gaudin）认为，治理与统治既在主体上存在根本区别，又在权力运行上有差异。[②] 一方面，治理与统治最基本的区别在于，治理虽然需要权威，但并非一定来自政府机关，而统治的权威则必定是政府。统治的主体一定是公共部门，而治理的主体既可以是公共机构，也可以是私人机构。另一方面，管理过程中权力运行的向度不一样。政府统治的权力运行方向总是自上而下的，它运用政府的政治权威，通过发号施令、制定政策和实施政策，对社会公共事务实行单一向度的管理。与此不同，治理则是一个上下互动的管理过程，主要通过合作、协商、伙伴关系、确立认同和共同的目标等方式实施对公共事务的管理。治理的实质在于建立在市场原则、公共利益和认同之上的合作。它所拥有的管理机制主要不依靠政府的权威，而是合作网络的权威。其权力向度是多元的、相互的，而不是单一的和自上而下的。显然，这种自上而下和自下而上的互动，表现出回应性的特征，而且回应性趋向于使各主体的权力得到

---

[①] [英] 格里·斯托克：《作为治理的理论：五个论点》，华夏风译，《国际社会科学杂志》（中文版）1999年第1期。

[②] [法] 让-皮埃尔·戈丹：《现代的治理，昨天和今天：借重法国政府政策得以明确的几点认识》，陈思译，《国际社会科学杂志》（中文版）1999年第1期。

实现和提升，并且使得权力走向公共合作，因而回应性实质上具有公共权力导向的特定属性。

## 二 治理失效理论

有治理就会存在治理失效的可能。根据对治理主要文献的梳理，学界关注公共治理失效的表现及其原因主要形成了以下三个方面的观点：

第一是过度私有化与治理失效。阿里·卡赞西吉尔指出，过度私有化的治理将导致治理者与被治理者之间相互缺乏信任，导致效率低下，并且过度的市场化削弱了公共政治的力量，从而丧失了合法性的基础，因为市场化减弱了公众对政策的控制能力，民众可以很合理地质疑非政府组织是否会为公共利益而努力。[1] 所以，依靠公共政治而非市场化的政府，治理充分吸收而不是摒弃公共政治会更适应后工业社会的管理方式。

第二是政府过度让渡权力与治理失效问题。格里·斯托克研究了拉美国家治理改革实践，认为政府过度向社会分权以及外部资源绕过政府直接资助公民社会组织提供公共服务，尽管取得了部分成效，但大部分改革陷入困境，许多情况下改革削弱了公共机构，降低了公共部门的效率和道德准则，加剧了依赖这些机构提供服务的其他公民普遍的不确定和不安全感。[2] 建议不应再追求统一的治理标准，而应注重鼓励社会主体在特定环境下发挥能动性和创造力；同时放弃在国家和公民社会之间划出一条明晰界线的做法，加强公共部门能力，以形成关于公民权利讨论的一种新途径。事实上有时候公众并不希望将一些服务由政府转为社会提供，治理网络最终需要把政府"请回来"。

---

[1] [法]阿里·卡赞西吉尔：《治理和科学：治理社会与生产知识的市场式模式》，黄纪苏译，《国际社会科学杂志》（中文版）1999年第1期。

[2] [英]格里·斯托克：《作为治理的理论：五个论点》，华夏风译，《国际社会科学杂志》（中文版）1999年第1期。

第三是过度分权与地方责任模糊带来的治理失效。卡洛林·安德鲁认为，地方治理也产生了新的缺陷，尤其是地方公共服务提供体制和治理体制相比以前单一机构体制要复杂得多，面对多重委托代理关系，消费者很难有效选择和监督，治理之下的责任性开始出现松散和模糊。①

### 三 善治理论

存在治理失效，如何克服治理失效、如何使治理更加有效等成为新的理论要解决的问题。"元治理""健全的治理""有效的治理""善治"等概念开始被提出来。其中"良好的治理"或"善治"的理论最有影响，善治（good governance）一词在英语和汉语政治学文献中成为出现频率最高的术语之一。就公共善治的一般概念而言，概括地说，公共善治就是使公共利益最大化的社会管理过程。公共善治的本质特征，就在于它是政府与公民对公共生活的合作管理，是国家与公民社会的一种新颖关系，是两者的最佳状态。综合学界的观点②，对善治主要有以下六个方面的界定。具体来看：

第一是合法性。指的是社会秩序和权威被自觉认可和服从的性质和状态。合法性越大，善治的程度便越高。取得和增大合法性的主要途径，是尽可能增加公民的共识和政治认同感。所以，善治要求有关的管理机构和管理者最大限度地协调各种公民之间以及公民与政府之间的利益矛盾，以便使公共管理活动取得公民最大限度的同意和认可。

第二是法治性。法治的基本意义是，法律是公共政治管理的最高准则，构成管理者之间的制度化关系。法治既规范公民的行为，更制约政府的行为，健全的法治有利于管理社会事务，维持社会秩序，保

---

① ［英］卡洛林·安德鲁等：《从地方政府管理到地方治理》，周红云译，《马克思主义与现实》1999年第5期。
② 俞可平主编：《治理与善治》，社会科学文献出版社2000年版，第8—11页。

障基本权利。法治是善治的基本要求，没有建立在法律之上的社会秩序，就没有善治。

第三是透明性。指政治信息的公开性。每一个公民都有权获得与自己的利益相关的政府政策的信息，包括立法活动、政策制定、政策实施、公共开支等信息。透明性要求上述信息能够及时通过各种传媒为公民所知，以便公民能够有效地参与公共决策过程，并且对公共管理过程实施有效监督。透明程度越高，善治的程度也越高。

第四是责任性。指的是人们应当对自己的行为负责。在公共管理中，特别地指与某一特定职位或机构相连的职责及相应的义务。责任性意味着管理人员及管理机构由于承担的职务而必须履行一定的职能和义务。公众，尤其是公职人员和管理机构的责任性越大，表明善治的程度越高。善治要求运用法律和道义的双重手段，增大个人及机构的责任性。

第五是回应性。回应性是责任性的延伸，指公共管理人员和管理机构必须对公民的要求做出及时的和负责任的反应，在必要时还应当定期地、主动地向公民征询意见、解释政策和回答问题。回应性越大，善治的程度也就越高。

第六是有效性。主要指管理的效率，基本要义包括两方面：一是管理机构设置合理，管理程序科学，管理活动灵活；二是最大限度地降低管理成本。管理的有效性越高，善治程度也就越高。

除此之外，公共善治还强调反思性。英国学者鲍勃·杰索普针对治理失效，提出成功的治理依赖于反思的观点。[①] 他认为，自组织治理以反思理性为基础，通过持久对话产生和交换信息，并且将参与治理的相关主体协调设定在涉及短期、中期和长期并存运作、相互依赖的一系列决定关系之中，减少机会主义的危害，同时鼓励主体间加强

---

① ［英］鲍勃·杰索普：《治理的兴起及其失败的风险：以经济发展为例的论述》，漆燕译，《国际社会科学杂志》（中文版）1999 年第 1 期。

团结，建立相互依赖的良性关系。因此相应的，失效的治理可以相应理解为由于有关各方缺少反思理性、对原定目标是否仍然有效发生争议而未能重新界定目标所致。但他同时又指出，如果我们承认协调尝试（不论是通过市场、国家还是自组织）的不完全性是不可避免的，那就有必要对这些尝试采取一种最低限度满意的策略。这一策略本身包含三个重要方面：反思在失败的情况下什么结果是可取的；通过自我反思形成一整套多种多样的备用对策，以便适当组合战略战术以求减少失败的可能性，并在面对失败时做相应调整；参加者承认有可能失败，但是仍可以按照事情可能成功的方式坚持下去。因而，这里杰索普提到的成功治理具有的"反思性"属于一种最低限度的反思或者消极的反思，参加者仅反思可能的结果、备用行动或者不采取任何补充性措施。他以这种最低限度的反思为假设条件，认为在稳定环境下，才利于自我反思式的检查、互动式学习和逐步改进。从这一意义上讲，成功的治理即善治下的主体具有最低限度反思理性的特征。

受鲍勃·杰索普的观点启发，学界进一步扩展，提出善治下新的反思理性的特点。陈振明等提出反思理性的"复杂人"概念，扩展了最低限度反思的观点。① 他认为公共行动者在不确定的社会条件下，不可能获得有关公共问题的所有信息，不可能拥有处理信息的完全能力，也不可能绝对理性地进行选择；而且，行为主体有着复杂的动机，既有逐利的一面，也有追求社会效用（包括公共利益）的一面，既有利益分歧，也有共同利益。但是，由于行为者能够通过不断的对话交流信息，克服有限理性的先天不足；能够通过各种形式的合作，将行动者锁定在利害相关的网络中，从而减少机会主义行为的动机；能够通过持续的学习，积累经验，改进过去的行为模式，进而提高适应社会的能力；更重要的是，通过这种反思，政府部门与非政府部门

---

① 陈振明等：《公共管理学》（第 2 版），中国人民大学出版社 2017 年版，第 64 页。

学会了约束自己的不合理要求，可以在相互尊重对方利益的基础上采取合作行动来实现共同利益。这使得行动者可以通过持续的对话调整各自的行为，追求大家都可以接受的结果。这与建立在完全理性、"道德人"假设基础上的传统行政科学形成了鲜明的对比。因此，反思性可作为善治的特征之一。

最后，从善治理论分析看，有效的治理是对善治的一种描述。研究治理问题的著名专家詹·库依曼（Jan Kooiman）认为，社会系统具有强动态性、强复杂性和强多样性，有效的治理必须同时具备针对这三个特性的适应性，以更好的处理不确定性、不稳定性甚至混乱、长期的远景等。[①]动态性指现代社会系统和自然环境都是动态变化的，系统从一种状态或位置转向另一种状态或位置，既存在线性关系，也有非线性的关系模式，相互之间又有多重互动关系，公共善治要求对系统的强动态性表现出更大的敏感性。复杂性既表现在社会系统中子系统的数量上，更表现在其结构构造上，处理复杂性主要有约简和选择、结构化和操作化三种方法，适应复杂性的公共治理要求行动者之间在管理关系处理上亦采取这些方法。同时，复杂性对管理关系的敏感性提出更高要求，管理关系中所采取的不同的协调方式或者关系协调的不同导向，其结果之间存在很大的差异性。多样性指现代世界日益个性化、分化、专门化，多样性表达了独立性的存在，是提出独立性标准的概念基础。"多样性只能被多样性所破坏"，适应社会系统多样性的公共治理要求对管理职能多样化更为敏感。最后，库伊曼还用善治能力来表达对不确定性的适应水平，认为对系统的适应性越强，善治能力就更有效、更合理。也即善治的适应性最终表现为对整体系统特性的适应性。因此，从治理到善治，其在可适应化的有效性上不是简单地表现为对系统某一特性的适应，而是最终表现为对系统三个

---

① J. Kooiman ed., *Modern Governance*, *New Government—Society Interactions*, London: Sage Publications, 1993, pp. 35–48.

方面特性的同时适应。

综合起来看，随着善治理论的进展，我们应当深化对公共治理的认识。有效的公共治理即公共善治包括七个方面的主要特征：反思性、合法性、法治性、透明性、责任性、回应性、适应性（有效性）。其中反思、合法、法治以及透明强调的是某一主体进入公共治理活动时要求的基本条件，表现为公共治理的内部特征。而责任性和回应性侧重强调主体之间公共治理活动的配置和互动关系，表现为公共治理的外部特征。相较内部特征和外部特征的静态而言，适应性是一种动态特征，包括公共治理的内部适应和外部适应：外部适应主要对主体之间互动关系提出更高要求，如简化复杂性、提高敏感性等；同时，外部适应是通过内部的可适应化实现的，如要求参与治理的主体对社会系统和自然系统的动态变化有更大的敏感性以及管理职能更加多样化等。因此，公共治理的七个基本特征可划分为内部特征、外部特征和动态特征三种基本类型。

## 第三节　所有权理论

所有权理论十分众多，既有法学上的所有权理论，也有经济学上的所有权理论，同时还有哲学和政治学上的所有权理论。本书选择了与研究主题密切相关的法学和经济学上的所有权理论，作为风险所有权相关基础理论的组成部分。

### 一　法学上的所有权理论

所有权是民法上的一个重要法律概念，指法律所确定的人们决定物的存在状况的权利。麻昌华等学者论述认为，所有权是人们依法享有的决定物的存在状况的权利。[①] 决定物的存在状况是所有权目的。

---

[①] 麻昌华等:《所有权及其内部结构论》,《中南政法学院学报》1996 年第 1 期。

每一种目的的实现都可通过不同的方式。一般而言，对于某一特定的客体，其所有权目的基本可分为三个：即保持客体原状、改变客体原状和消灭客体。实现所有权目的的方式，基本可分为三种：即占有、使用和处分。收益是使用和处分的必然结果，现代社会的发展只是使用和处分方式的改进，收益并非一种独立的方式。这三种所有权目的的实现方式是相容的、交叉的，而不是相互对立或相互排斥。使用和处分必须以占有为基础，没有占有就无从使用，也无从处分。从某种意义上说，使用和处分包含占有在内，但占有却可以单独存在，无须以使用或处分为前提。占有、使用和处分是所有权目标实现的三种基本方式，但它们并非所有权目的实现的所有方式。随着社会的发展，新的所有权目的实现方式将会不断出现。这就表明，占有、使用和处分并非所有权固有的"权能"，而只是所有权目的实现的任意方式之一。

《中国物权法研究》认为，所有权权能或内容是实现所有权的手段，或者称为所有权的作用；所有权并非物之使用、收益、处分权能的总和，而且这几种权能是所有权的主要权能而非全部权能。[①] 从本质特性上讲，风险所有权是对所有物的一种支配权。所有人对于所有物之独占性支配权乃是所有权最本质的属性，独占性又可理解为归属权。所有人就所有物进行占有、使用、收益和处分，仅为所有人行使其支配权的直接表现。

郭广辉等学者认为[②]，法学上所有权多种概念的共同逻辑结构表现为四个方面的特征或条件：（1）所有权为保护一种特定的利益而设，而此种利益本身具有确定的和稳定的客观存在形式，其形式可以是物质形式或者理念形式。因为只有一种利益具有确定和稳定的客观存在形式，才可以确定与此利益相关的具体行为，才可以进一步确定

---

[①] 梁慧星主编：《中国物权法研究》，法律出版社1998年版，第229页。
[②] 郭广辉等：《我国所有权制度的变迁与重构》，中国检察出版社2005年版，第34—35页。

与此利益相关的法律权利的集合,这样,对于此利益的所有权的内容才可以确定,所有权才可能成立。(2)所有权是若干可能的权利的集合,可能包含与其所保护的利益相关的一切形式和内容的法律权利。(3)所有权包含的权利在效力范围上是对世的,强调所有权权利效力范围的最大可能。(4)所有权主体具有特定的法律地位,享有其他人不能证明自己合法享有的与上述特定利益相关的所有的法律权利。综合来看,如果在一个特定的所有权中,某种财产权或某种法律权利符合以上四个条件,那么它就是一种所有权。

### 二 经济学上的所有权理论

经济学上对所有权理论的阐释是在产权意义下进行的。经济学家对产权还没有给出一个统一的定义,但存在若干基本共识。产权经济学家都把产权视为人们对物的使用所引起的相互关系,即是一种人与人之间的基本关系,而不是人对物的关系;强调产权是一组行为性权利,或者说是一个"权利束";把某一物品所附着的权利数量及其强度视为该物品经济价值大小的决定性因素;认为产权是经济主体从事经济活动的根本条件,即对生产资料和生活资料的支配,是生产、交换、分配、消费的前提。

经济学上的产权有五个基本属性[①]:(1)产权的排他性。产权是与财产有关的权利,而且具有排他性。产权的排他性意味着两个人不可能同时拥有控制同一事物某种相同的权利,特定的权利只能有一个主体。(2)产权的社会性。产权不是人与物的权利,而是一种行为权利,是界定人们行为关系的一种规则,具有社会性。(3)产权的可分解性。指产权的不同权项可以隶属不同主体的性质。这表现在两个方面:一是诸种权利之间是可以分解的,即一项完整的产权包括所有

---

① 郭广辉等:《我国所有权制度的变迁与重构》,中国检察出版社2005年版,第97—100页。

权、占有权、支配权和使用权，这些权项既可归属同一主体，也可分属不同主体。产权的可分解性同时也说明，它不是单项权利而是复数权利，具有复合性。(4) 产权的可交易性。指产权在不同主体之间的让渡。这种产权交易可分为整体交易和部分交易。特定财产的产权是由狭义的所有权、占有权、支配权和使用权组成的权利体系，它既可以整体作为交易对象，也可以其中任何一项或任意几项的组合作为交易对象。(5) 产权的不完备性。指产权的"残缺"的属性。产权作为社会工具最终是通过法律、习俗和道德加以表达的，这就意味着产权中的任何权利都是受限制的。

从产权与所有权的关系看，一个完整的产权包括所有权和由所有权派生的财产占有权、使用权、收益权和处分权，以及与所有权有关的其他财产权利。占有权、使用权、收益权和处分权是所有权的四项基本权利。占有，是指对财产的实际占据和控制。产权所有人既可以自己实际占有财产，也可以根据法律和契约将它交给他人占有。使用，是为了满足一定的需要或获得一定的利益而使用财产。产权所有人可以使用自己的财产，也可按照法律和契约交由他人使用。收益，即在不损害他人利益的前提下，享受由产权带来的各种利益。处分就是在法律允许的范围内处理财产，如改变产权客体的形式和内容或转让所有权的部分内容。

经济学中存在不同的所有权形式，表现为所有权的制度安排。郭广辉认为，存在三种基本的所有权制度安排，即个人所有权、企业法人所有权以及国家所有权。[①] 其中，个人所有权自国家和法产生之日起就已存在，企业法人所有权是个人所有权的延伸和扩张，国家所有权通过借助企业法人所有权实现其经济与社会目标。三者相互关联，共同构成了所有权的制度体系。市场经济发达的西方国家，以个人所有权为基础，以国家所有权为必要组成部分，以企业所有权为载体，

---

① 郭广辉等：《我国所有权制度的变迁与重构》，中国检察出版社2005年版，第50—78页。

其所有权制度体系的结构类似"金字塔"式（如图2-1所示）：个人所有权为塔基，国家所有权为塔尖，企业所有权为塔身。其优点在于：处于上层的国家所有权为国家及政府提供必要公共产品奠定了物质基础，同时由于其数量受到控制而避免了国家所有权经济效率不高的弊端。处于下层的个人所有权由于产权清晰、权责一致等优势而生生不息，焕发勃勃生机。处于中层的企业所有权则为国有经营性资产和个人所有权的实现提供了一种恰当的途径。

相较而言，我国现阶段的所有权制度体系结构类似"圆柱式"（图2-2所示）。处于上层的国家所有权为国家及政府提供必要公共产品奠定了物质基础，但同时由于过多的国有资产直接投入经营领域而导致经济效率不高。处于下层的个人所有权虽然发展趋势广阔，但还有待于充分发展壮大，以托起整个国民经济的重任。

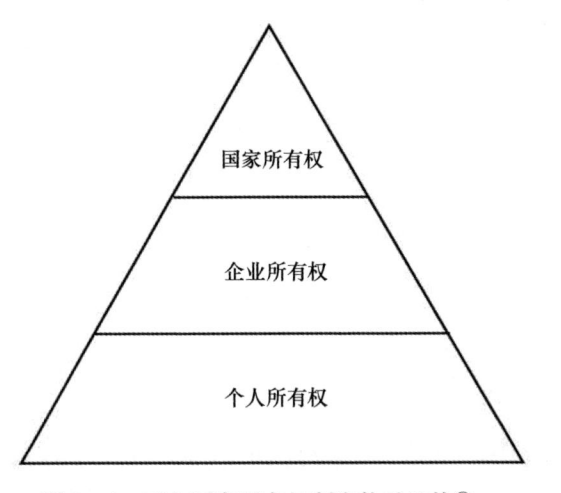

图2-1 西方国家所有权制度体系结构[①] 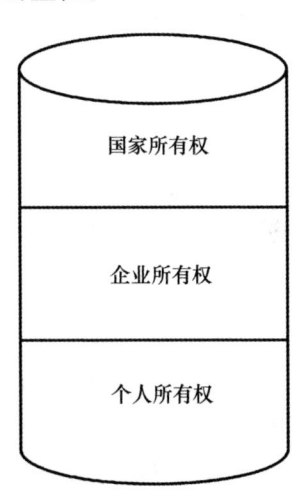　　图2-2 我国的所有权制度体系结构[②]

---

[①] 参见郭广辉等《我国所有权制度的变迁与重构》，中国检察出版社2005年版，第340页。
[②] 参见郭广辉等《我国所有权制度的变迁与重构》，中国检察出版社2005年版，第340页。

事实上，所有权制度体系表现为社会治理模式。个人、企业以及国家所有权这三种制度安排，分别代表三个治理层面（如表2-1所示）。第一个层面是国家领域，治理对象是公共权力部门和政府官员，治理的目标和原则是民主、法治、效率和科学，财产基础是国有资产，对应的法律文化是公法文化。第二个层面是社会领域，治理对象是政党、社团、企业和社区等，治理的目标和原则是平等与自治，主要的财产基础是企业法人财产。第三个层面是个人领域，治理对象是公民个人，治理的目标和原则是平等、宽容、自由和自律，财产基础是个人财产。第二个层面与第三个层面对应的法律文化是私法文化。

表2-1　　　风险所有权制度体系反映的社会治理模式[①]

| 治理模式的不同层面 | 治理对象 | 财产基础 | 治理的目标和原则 | 法律文化 |
| --- | --- | --- | --- | --- |
| 国家领域 | 公共权力部门和政府官员 | 国有资产 | 民主、法治、效率、科学 | 公法文化 |
| 社会领域 | 政党、社团、企业、社区 | 企业法人财产 | 平等与自治 | 私法文化 |
| 个人领域 | 公民个人 | 个人财产 | 平等、宽容、自由和自律 | 私法文化 |

综上讨论，无论是法学还是经济学对所有权的分析，存在一些共同特点，即认为所有权是一组行为性权利，是主体对客体作用的具体方式，主要表现为占有、使用、处置和收益四项基本的权能，同时所有权权能可转让和让渡。此外，法学上的所有权理论还强调所有权的归属权，产权下的所有权理论强调了所有权的交易。这些观点对本研

---

① 参见燕继荣《"治理"观念下审视中国政治发展》，《学习时报》2005年1月31日第4版。

究理解风险所有权具有重要的启示。

## 第四节 中国特色社会主义新时代公共安全理论

党的十八大以来，面对国内外公共安全形势变化的新动向、新任务和新要求，习近平总书记以马克思主义的理论睿智和对公共安全的远见卓识，提出了一系列相互联系、相互贯通的公共安全执政的新理念新思想新战略。党的十八届三中全会提出国家治理体系和治理能力的现代化，并围绕健全公共安全体系提出食品药品安全、安全生产、防灾减灾救灾、社会治安防控等方面体制机制改革任务；中央国家安全委员会第一次会议提出总体国家安全观；党的十八届四中全会提出加强公共安全立法、推进公共安全法治化；党的十九大重申坚持国家总体安全观，健全公共安全体系，提出有效维护国家安全、打造共建共治共享的社会治理格局的安全战略；党的十九届五中全会作出统筹发展和安全，建设更高水平的平安中国的决策部署。这些观点与论断之间联系紧密、有机统一，形成了系统完整、逻辑严密的公共安全理论体系。中国特色社会主义新时代公共安全理论成为当前中国社会公共安全治理领域中最为重要的创造性理论成果，是习近平新时代中国特色社会主义思想的组成内容。中国特色社会主义新时代公共安全理论主要由九个相互联系的理论观点构成。

### 一 "党的领导论"

全面加强党对公共安全的领导，是中国特色社会主义新时代公共安全理论的灵魂。一方面，公共安全治理要充分发挥党总揽全局、协调各方的领导核心作用，牢牢把握党对公共安全的领导权。另一方面，切实提高党领导公共安全治理的能力。推进公共安全治理现代化，关键在于提升党的公共安全执政水平。习近平总书记指出："各级党委和政府要切实担负起'促一方发展、保一方平安'的政治责任，严格落实责任制。"①

## 二 "人民中心论"

坚持以人民为中心，是中国特色社会主义新时代公共安全理论的根本理论立场。其核心是坚持以民为本、以人为本，坚持公共安全一切为了人民、一切依靠人民。习近平总书记指出："在保护人民生命安全面前，我们必须不惜一切代价，我们也能够做到不惜一切代价，因为中国共产党的根本宗旨是全心全意为人民服务，我们的国家是人民当家作主的社会主义国家。"② 公共安全治理要以人为本，把人民的根本安全利益放在最高位置。维护公共安全工作，要坚持问题导向，从人民群众反映最强烈的问题入手，高度重视并切实解决公共安全面临的一些突出矛盾和问题，着力补齐短板、堵塞漏洞、消除隐患，着力抓重点、抓关键、抓薄弱环节，不断提高公共安全水平。

## 三 "总体安全观"

坚持总体安全观，是中国特色社会主义新时代公共安全理论的重大创新。习近平总书记指出："当前我国国家安全内涵和外延比历史上任何时候都要丰富，时空领域比历史上任何时候都要宽广，内外因素比历史上任何时候都要复杂。"③ "必须坚持中国特色国家安全道路，贯彻总体国家安全观，坚持政治安全、人民安全、国家利益至上有机统一，以人民安全为宗旨，以政治安全为根本，以经济安全为基

---

① 习近平：《充分发挥我国应急管理体系特色和优势 积极推进我国应急管理体系和能力现代化》，《人民日报》2019年12月1日第1版。

② 习近平：《在全国抗击新冠肺炎疫情表彰大会上的讲话》，《人民日报》2020年9月9日第2版。

③ 《习近平谈治国理政》第1卷，外文出版社2018年版，第200—201页。

础,捍卫国家主权和领土完整,防范化解重大安全风险,为实现中华民族伟大复兴提供坚强安全保障。"[1] 总体国家安全观要求公共安全治理必须在国家安全的大背景下来筹划和布局,公共安全各领域、各要素、各层面进行统筹治理和系统治理,并服务于国家总体安全。

**四 "统筹发展和安全论"**

统筹发展和安全是中国特色社会主义新时代公共安全理论的指导思想部分。安全和发展是"一体之两翼、驱动之双轮"的关系。安全是发展的保障,发展是安全的目的。习近平总书记指出:"坚持发展和安全并重,实现高质量发展和高水平安全的良性互动,既通过发展提升国家安全实力,又深入推进国家安全思路、体制、手段创新,营造有利于经济社会发展的安全环境,在发展中更多考虑安全因素,努力实现发展和安全的动态平衡,全面提高国家安全工作能力和水平。"[2] 党的十九届五中全会《建议》强调,坚持总体国家安全观,实施国家安全战略,维护和塑造国家安全,统筹传统安全和非传统安全,把安全发展贯穿国家发展各领域和全过程,防范和化解影响我国现代化进程的各种风险,筑牢国家安全屏障。公共安全是国家安全的重要组成部分,公共安全是最基本的民生,推进公共安全要贯彻统筹发展和安全的指导思想,坚持保障公共安全同经济社会发展一起谋划、部署和推进,坚持以系统思维构建公共大安全格局。

**五 "全面治理论"**

坚持全面治理,是中国特色社会主义新时代公共安全理论的核心要义。公共安全既涉及自然安全要素,又包括事故灾难,还发生在公

---

[1] 习近平:《坚持系统思维构建大安全格局 为建设社会主义现代化国家提供坚强保障》,《人民日报》2020年12月13日第1版。
[2] 习近平:《坚持系统思维构建大安全格局 为建设社会主义现代化国家提供坚强保障》,《人民日报》2020年12月13日第1版。

共卫生和社会事务领域，公共安全各领域各要素之间存在次生、衍生、耦合、变异等关联关系，公共安全治理必须走全面治理之路。习近平总书记强调："要切实抓好社会治安综合治理，坚持系统治理、依法治理、综合治理、源头治理的总体思路，一手抓专项打击整治，一手抓源头性、基础性工作，创新社会治安防控体系，优化公共安全治理社会环境，着力解决影响社会安定的深层次问题。"[①] 公共安全应坚持全面治理，全面提高全社会抵御自然灾害的综合防范能力，全面抓好安全生产责任制，全面加强食品药品安全监管。

### 六 "体制机制创新论"

创新体制机制，是中国特色社会主义新时代公共安全理论的显著标志。习近平总书记指出："维护公共安全，必须从建立健全长效机制入手，推进思路理念、方法手段、体制机制创新，加快健全公共安全体系。"[②] 一是创新公共安全治理体制，加快公共安全治理社会化工作，完善"党委领导、政府主导、社会参与、优势互补、协同配合"的公共安全治理格局。二是创新公共安全治理方式。当前进入数字时代，随着互联网特别是移动互联网的发展，社会公共安全治理模式正从单向管理转向双向互动，从线下转向线上线下融合，从单纯的政府监管向社会协同治理转变。同时，要深刻认识互联网在国家管理和社会公共安全治理中的作用。三是创新公共安全治理机制，坚持标本兼治，坚持关口前移，加强日常防范，加强源头治理、前端处理，健全公共安全形势分析制度、公共安全风险评估机制、突发事件监测预警机制等，实现公共安全治理的常态化、长效化、智能化。

---

① 习近平：《牢固树立切实落实安全发展理念　确保广大人民群众生命财产安全》，《人民日报》2015年5月31日第1版。

② 习近平：《牢固树立切实落实安全发展理念　确保广大人民群众生命财产安全》，《人民日报》2015年5月31日第1版。

## 七 "基层重心论"

注重基层公共安全建设，是中国特色社会主义新时代公共安全理论的突出特点。基础不牢，地动山摇。习近平总书记指出："维护公共安全体系，要从最基础的地方做起。把基层一线作为公共安全的主战场，坚持重心下移、力量下沉、保障下倾，实现城乡安全监管执法和综合治理网格化、一体化。提高公共安全体系精细化水平，每一个环节都要深入考虑和谋划。要构建公共安全人防、物防、技防网络，实现人员素质、设施保障、技术应用的整体协调。吸取各类公共安全事件的教训，推广基层一线维护公共安全的好办法、好经验。"[1]

## 八 "群众路线论"

走群众路线，是中国特色社会主义新时代公共安全理论的基本内容。公共安全虽然是政府义不容辞的职责，但并不意味着排斥其他力量的积极参与。面对突发事件，政府实际上无法也不必"大包大揽""单打独斗"。企事业单位、社会组织、公众等社会力量，同样也是公共安全管理至关重要的主体，其安全意识和应急技能直接关系到突发事件应对的成效。习近平总书记指出，"要坚持群众观点和群众路线，拓展人民群众参与公共安全治理的有效途径"[2]。"充分发挥广大人民群众积极性、主动性、创造性，切实维护广大人民群众安全权益，始终把人民作为国家安全的基础性力量，汇聚起维护国家安全的强大力量。"[3]

---

[1] 习近平：《牢固树立切实落实安全发展理念　确保广大人民群众生命财产安全》，《人民日报》2015年5月31日第1版。

[2] 习近平：《牢固树立切实落实安全发展理念　确保广大人民群众生命财产安全》，《人民日报》2015年5月31日第1版。

[3] 习近平：《坚持系统思维构建大安全格局　为建设社会主义现代化国家提供坚强保障》，《人民日报》2020年12月13日第1版。

### 九 "安全能力论"

加强公共安全能力，是中国特色社会主义新时代公共安全理论的重要强调。习近平总书记在中共中央政治局第二十三次集体学习和2015年对全国社会治安防控体系建设工作会议的指示中，都把提高维护公共安全能力水平作为公共安全工作的重点。习近平总书记指出，在各领域推进国家治理体系和治理能力现代化，在提高国家治理能力上需要下更大气力。[1] 在2015年联合国发展峰会上，习近平总书记提出一种新的发展理论——发展能力研究。2020年12月11日，习近平总书记在主持中共中央政治局第二十六次集体学习时发表重要讲话，提出贯彻总体国家安全观十个方面的要求，突出强调全面提高国家安全工作能力和水平。[2] 公共安全治理能力是中国特色社会主义新时代公共安全理论的重要强调内容，当前公共安全治理理论应充分关注安全能力研究，以能力为中心的思路指导开展公共安全学术研究和公共安全实践。

中国特色社会主义新时代公共安全理论是对当前中国社会公共安全实践的科学凝练和智慧升华，是公共安全理论和学术研究的最前沿成果。这一理论成果集中开拓了传统公共安全管理向治理转变的新境界：更加突出以人为本和以人民为中心的治理思想，强化人民群众在公共安全治理中的主体地位、安全权益和治理意义；更加突出系统治理、依法治理、综合治理、源头治理，注重运用经济、法治、教育、行政等综合手段和治理资源完善公共安全治理方式；更加突出党委领导和政府主导下的多元社会主体共同参与、良性互动、合作共享、风险共担。这些都鲜明地标志着安全治理开始替代安全管理成为我国社

---

[1] 《习近平谈治国理政》第1卷，外文出版社2018年版，第92、105页。
[2] 习近平：《坚持系统思维构建大安全格局 为建设社会主义现代化国家提供坚强保障》，《人民日报》2020年12月13日第1版。

会公共安全的新常态。新常态下，公共安全的总体战略开始明确转向公共性和普惠性公共安全治理，以满足人民群众日益增长的公共安全需求。

## 小　结

本章主要对风险所有权的相关基础理论进行了详细分析，主要有风险社会理论、所有权理论、公共治理理论和公共安全理论。综合起来看，风险社会理论设定风险社会情境和反思理性，以制度和管理关系为中心议题论述了新的适应性的公共安全管理关系的基本内容，由此为下文风险所有权概念重构提供了理论逻辑。所有权理论提供的重要启示是有关所有权权利的认识，无论是法学抑或是经济学的论述，所有权权利都表现为行为性权利，由占有、使用、处分和收益等主要权能构成，这为本研究具体定义风险所有权权利提供基本参照。公共治理理论和公共安全理论则对本书研究公共安全治理机理提供理论参考。

第三章

# 风险所有权概念重构

本章对风险所有权概念进行重构，从公共安全管理关系视角切入，初步建立风险所有权的学理概念。首先简述风险所有权现有的两种定义，并指出其重构的必要性；其次进行概念重构，引入风险社会理论作为依据，从三个定义要件分析重构逻辑；最后从所有权权利和所有权关系两个方面给出新定义的内涵。风险所有权是指风险社会意义下多个社会主体在公共安全管理中的责任形态，是一种以责任为基础的权利导向的新型责任框架。从所有权内容看，风险管理活动、管理行为或管理过程体现为风险占有权、使用权、处置权、收益权等所有权权利；从所有权关系看，风险所有权关系表现为公共安全权利导向和公共安全合作的权利性管理关系。

## 第一节 风险所有权概念重构的必要性

### 一 风险所有权的现有定义

（一）定义的学科属性

从目前国内外学者对风险所有权概念的研究分析看，风险所有权是在风险管理领域中建构的一个新概念，跟风险管理活动密切相关，而且风险所有权跟公共安全管理关系密切相关，其总是指向如何在不同的风险管理主体之间建立起责权配置关系。因而，从学科属性看，风险所有权是在公共安全管理学学科下进行探讨的，基本的学科属性是管理学。

（二）定义的切入点

从现有定义看，风险所有权指"主体的风险责任归属""风险管理责任"或"负有风险管理责任"，有时又称为"风险责任"或"风险责任所有权"，这是一种从多主体间公共安全管理关系视角切入的定义方式。笔者认为，公共安全管理关系指管理意义上或管理学上的、在不同管理主体之间分配和配置公共安全管理任务或活动的原则或方法。一般情况下对于主体、风险责任、风险管理等的认识都是相对于某一主体即"单数"意义下来进行的，本书则将其置于多主体背景下，认为只有在"复数"情境中主体职能、责任、风险管理活动等才有实质性意义，因为真实的公共安全管理场景亦是如此的。即从公共安全管理关系的复数视角来透视风险所有权。这一思维的重要意义还在于，可以使研究充满着一种从多元、开放、复合、合作、公共的思维来认识和处理公共安全问题。

（三）两种定义方法

对公共安全管理关系强调的侧重点不同，风险所有权定义的方法也就不同。根据前述对风险所有权的文献分析，综合研究看，目前风险所有权有两种较为成熟的定义思路和方法。

第一种是按照唐钧的定义方法。[①] 侧重从政府风险所有权来讨论责任的分配，但实际上他同时比较了政府风险所有权、市场风险所有权以及社会风险所有权之间的相机转移问题。也即是说，政府、市场和社会主体的存在设定了定义风险所有权的一种管理情境，这种情境的鲜明特点是认为主体之间的职能存在差异，而且不同主体都有自己

---

① 唐钧：《政府风险管理：风险社会中的应急管理升级与社会治理转型》，中国人民大学出版社2015年版，第75—80页。

的相对职能边界,仅对自己职能边界内的风险所有权进行负担,对超出职能边界的则需要转移风险所有权。这实际上假定了政府、市场以及社会主体具有"理性人"特征,每一主体依据理性来设定自身的职能边界。在这一意义下,风险所有权指的是一种从主体或主体职能出发划定、分配风险管理活动的公共安全管理关系。这是一种责任性的管理关系,责任性的管理关系下的风险所有权存在冲突和失效现象,如开放的风险环境中的"安全孤岛"、碎片式思维、部门壁垒现象、利益本位观念等问题,导致风险责任联动欠佳。

第二种是按照魏华林的定义方法。[①] 认为风险所有权强调的是风险管理的责任主体,主要有风险制造者、风险受害者、风险受益者、风险管理者四种。并认为不同风险源各有其风险所有权主体,风险治理应明确主体间的风险所有权归属,各担其责,实现共治共管。他在这里还有一点不同是,对于所有权主体设定实际上进行了松弛,从政府、市场、社会主体的严格类型降维到政府管理人员、社会个体、社会群体以及无主体的自然界。因此,这里显然不再是以主体的职能为基础来探讨公共安全管理关系,而是从风险的制造、受害者影响、受益者影响以及管理者角度讨论风险所有权的。明显的,这里的风险所有权是指另外一种从风险出发划定和分配风险管理活动的公共安全管理关系。其隐含的基本假定是风险存在人为风险和自然风险的区别,风险的影响有损益之分,不同主体之间在风险能力上存在差异,同时所有主体都是经济理性的。因此风险管理的思维导向是:不同的风险源应找到其相应的风险所有权主体,以使得各担其责,实现共治共管。由于对责任回溯的格外强调,这里也属于责任性的管理关系。

(四)现有定义的不足

目前学界对风险所有权的认识才刚刚开始,处在摸索探讨之中,

---

① 魏华林:《中国城市风险及其治理方式》,中国城市风险服务体系建设座谈会论文,北京,2016年5月,第1—5页。

所以难免会有一些认识上的不足。本研究既从前辈学人的研究观点里获得许多启发，同时也对认识中的不足提出思考，以便尝试比较完整地构建风险所有权概念。目前这些不足主要有：

一是注重从政府视角出发探讨风险所有权，或者更多地研究政府风险所有权问题，忽视了对其他主体的关注。从前述公共安全的概念来看，社会是安全的主体，缺少从社会主体视角来认识风险所有权是不完整的。

二是对所有权方面的认识还不够深刻。一方面，现有两种定义方法分别从所有者要素和主体要素展开，没有围绕所有权要素定义风险所有权概念。另一方面，所有权内容局限于风险管理领域甚至其局部，对于风险形态的变化缺少完整性认识，从风险到突发事件甚至危机的演化过程，都属于风险形态的变化，所以风险所有权适用范围完全可以扩展到公共安全管理的全过程。依据风险形态的变化，所有权内容可以分成多种不同形态。

三是注重对风险进行分类，以识别风险所有权。这固然在一方面可以加强责任管理，但是很有可能会引致主体之间去追求越来越繁杂的责任规则，引发争论甚至冲突；另一方面，过分注重横向的风险分类，忽视了纵向上基于风险变化过程的管理能力提升，特别是在不同阶段对管理能力有着不同需求的情形下，任一管理忽视都将会产生较大的影响后果。基于风险演化，可以将所有权内容在纵向上划分为风险的预防权、应对权和恢复权三类不同的所有权权利形态。

四是用责任性管理关系笼统代替主体间的风险所有权关系。责任性管理关系下的风险责任形态表现为对责任配置规则的强化，主体间的责任转移现象则更进一步强化了对规则和限制的重视，从而使得公共安全管理关系构建处在冲突与限制的范畴中。笔者认为，应该尝试探讨是否存在一种不同于责任性管理关系的分配逻辑，使得公共安全管理关系构建于公共合作的基础之上。

五是预先在主观上设定了风险所有者之间的关系，使得人们对风险所有权的认识较为局限，未能突破现有仅从风险和主体的视角来认识公共安全管理关系的藩篱，对公共安全管理关系的归纳和学理化概况不够全面。笔者认为，风险所有权不能局限为从主体和风险视角理解的责任性管理关系，还应反映出一种权利导向的公共安全管理关系。如 IRGC 认为确立风险所有权的同时，还需鼓励各个风险主体实施有效的管理行为。它提出了有关如何设计制度以提升主体有效管理风险能力的问题，这一点可以与上述责任性管理关系较为明显地区别开来，这种管理关系特点是强调在责任业已建立和履行的基础上突出能力赋予和发展，这一不同的公共安全管理关系应该被纳入风险所有权的概念中。

## 二 风险所有权定义的扩展

从风险所有权定义的学科属性、切入点以及目前两种比较成熟的定义方法看，风险所有权下定义的方式实际上是把公共安全管理关系归纳为风险所有权的概念范畴。从常理分析，公共安全管理关系生成或出现的必要前提是：某一社会主体进行公共安全管理活动，这里包含了主体、对象以及管理活动或过程三个基本要素，构成一种三角架构。在复数条件下，多个社会主体进行公共安全的管理活动或过程，从而建立起具有实质性意义的公共安全管理关系。因此，从公共安全管理关系切入建构的风险所有权概念也由三个要素构成，具体表现为所有者、风险、所有权（如图3-1）。这三个要素的具体内涵是：

所有者指风险所有权的拥有人或拥有者，是承担风险、进行风险管理的主体，所有者可以聚合归为政府、市场、社会三类基本的管理主体，本书在风险所有权下讨论的"所有者"和"主体"概念是一致的，为了便于分析，两个概念有时交叉使用；风险是管理对象，与"安全"相一致；所有权这里指的是风险管理活动及其过程，包括两个具体方面：（1）所有权内容，指风险管理活动及其过程。从两种定

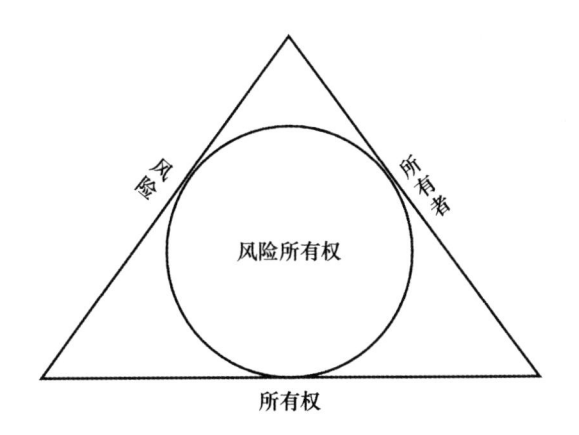

图 3-1 风险所有权的要素结构

义来看，无论是何种情境下定义的风险所有权，所有权内容在本质上都体现为一种管理职能、活动或行为，风险所有权的属性是管理属性。如 IRGC 用 "home" 来表达所有权意思，指的是一旦设定风险所有权后，该类风险由其全权负责，具体内容包括风险监视、风险评估、风险确认、风险处置等。不过，由于对风险概念使用的指向不同，所有权的内容范围也有不同，这里 IRGC 显然给出的是最小的所有权的内容，第二种定义在风险管理领域使用，第一种定义将风险概念扩展到了突发事件、危机，实质上在公共安全的大框架中使用，所有权的内容最为宽泛。此外，所有权内容不是静态的，而是动态调整当中，跟风险的演化有关联，如认为随着风险从低等级演化到中高等级，从风险状态演化到突发事件甚至危机，所有权的大小、范围、边界以及复杂性等都在变化。这也说明，从演化的视角看，风险同公共安全这两个概念可以达成一致。(2) 所有权关系，指的是风险管理任务、活动、行为在主体之间的配置关系。两种定义方法都把风险所有权关系理解为一种责任性的管理关系。

进一步来看，笔者认为扩展风险所有权定义的合理依据主要如下：

从两种定义方法看，各有侧重。第一种定义方法是围绕所有者要素进行的，并设定了若干假设条件，指出风险所有权关系体现为一种责任性公共安全管理关系。第二种定义方法是围绕风险要素进行的，也设定了若干假设条件，同时也指出风险所有权关系的责任性特点。两者没有围绕所有权要素定义风险所有权概念，这是风险所有权定义扩展的一个可能理由。

我们从公共安全概念的文献分析可知，公共安全管理关系是在公共安全"主体—安全—过程""三位一体"式概念下进行探讨的，后者给出了公共安全管理关系的定义域。从风险所有权的两种定义方法看，分别是在"主体"和"安全"两个定义域下展开归纳的，还缺少从"过程"第三种定义域进行风险所有权的分析讨论。这是风险所有权定义扩展的第二个可能依据。

第三个可能依据在于，风险所有权是对公共安全管理关系的一种抽象归纳或学理升华，那么风险所有权概念应该对实践中运行的公共安全管理关系变化保持开放和敏锐性，及时将新的内容纳入自己的概念体系中。从文献看，风险所有权其实不局限于责任性管理关系，还反映出一种特定的公共安全管理关系。如 IRGC 认为确立风险所有权的同时，还需鼓励各个风险主体实施有效的管理行为。这里提出了有关如何设计制度以提升主体有效管理风险能力的问题，这一点可以与上述责任性管理关系较为明显地区别开来，这种管理关系特点是强调在责任业已建立和履行的基础上突出能力赋予和发展（笔者称之为权利性管理关系）。在前述公共安全管理关系的研究文献中，也提出了其权利导向的现象。这一不同的公共安全管理关系应该被纳入风险所有权的概念中，这是风险所有权定义扩展的第三个必要原因。

那么，从所有权要素、公共安全过程定义域以及新的公共安全管理关系来定义风险所有权，就要回答两个问题：一是这三个定义要件之间的关系是什么？是不是统一的？二是他们之间的关联件是什么？在什么情况下三者可以串联起来分析？笔者认为，这三者之间最根本性的连接点存在于对公共安全的认识上。根据前文对公共安全概念的国内外整合研究，风险社会理论对公共安全概念的渗透影响非常明显和深刻，因此可以尝试引入风险社会理论来分析三个定义要件，重构风险所有权概念。

如果风险所有权的第三种定义是可以成立的，那么本书的研究可以将风险所有权的完整内涵建立起来，由此，风险所有权就可以比较可靠地成为公共安全管理关系的一种学理化概况。

## 第二节 风险所有权概念重构的逻辑

从所有权要素、公共安全过程定义域以及新的公共安全管理关系三个要件来补充定义风险所有权，这三个要件之间可以引入风险社会理论建立起统一关系，共同展现风险所有权概念重构的逻辑过程（如图3-2所示）。

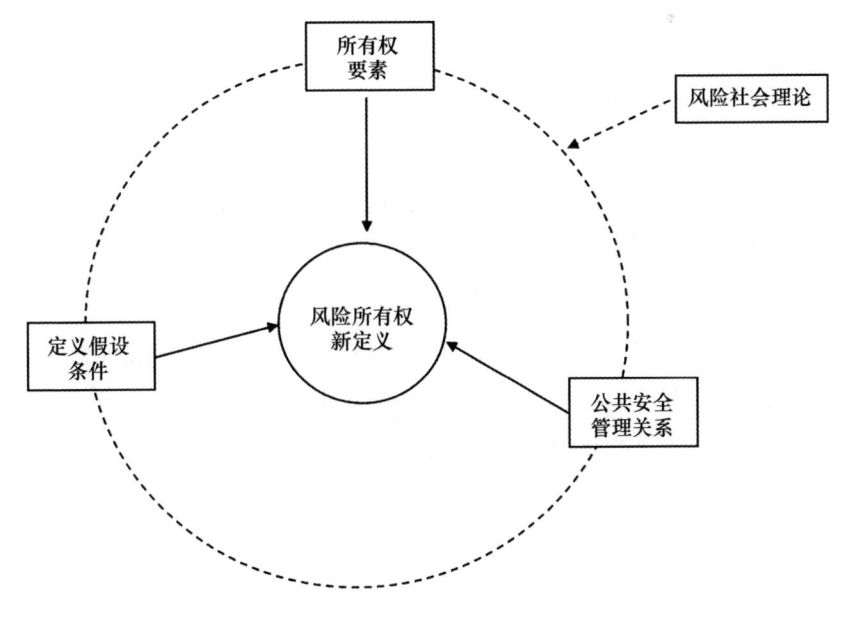

图3-2 风险所有权概念重构的逻辑过程

## 一 所有权要素的变化

所有权要素的变化包括所有权关系和内容两个方面的变化。具体来分析：

从所有权关系角度看，在风险社会情境下，风险和潜在威胁的释放达到了前所未知的程度，成为一种丰裕风险情境，这引起社会关系和社会价值在方向上的转折性改变。风险社会中风险分配对每一个人都是公平的，风险消费也是公平的，贝克简洁地表述为"贫困是等级制的，（光化学）烟雾是民主的"[①]。对于其机理，风险社会理论解释为，风险社会中风险具有一种"飞去来器效应"，任何人不管权力、地位与经济状况如何，在其面前一律公平。"在现代化风险的屋檐下，罪魁祸首与受害者迟早会同一起来。……这里变得明确的是地球变成了一个弹射座椅，它不再承认富裕与贫穷、黑人与白人、北方与南方或者东方与西方的区别。"它"以一种整体的、公平的方式损害着每一个人"。[②] 贝克将之称为"世界性的风险社会"。因此，不同于工业社会中将生产与财富分配问题视为社会中心议题，在风险社会情境下，由于真实的物质需求已经发达工业社会的劳动和技术生产率的发展以及法律和福利国家的调节与保护而被客观地削减，与此同时，伴随现代化进程中劳动生产力的指数型增长，风险和潜在威胁的释放也达到了前所未知的程度，普遍性的社会需求从"我饿"转向"我害怕"，焦虑的共同性代替了对财富需求的共同性，从而使得减少或合法化风险超越财富的不平等问题，成为核心的社会议题。也即在风险社会下，风险存在构成一种新的基本的社会运行状态，风险意识成为作为物质存在的风险在主体意识中的反映。

根据物质和意识关系，社会关系是对丰裕风险这种新的物质存在

---

① ［德］乌尔里希·贝克：《风险社会》，何博闻译，译林出版社2004年版，第52页。
② ［德］乌尔里希·贝克：《风险社会》，何博闻译，译林出版社2004年版，第40页。

形态的一种反映，表现为在风险的生产过程中，"物质性需要"被明确地去掉了它们最后的自然因素的支撑，并进而去掉了它们的有限性和可满足性。饥饿可以被缓解，需求可以被满足，风险则是"需求的无底洞"，它是无法满足的，是无限的。一种完全新型的需求，进而是风险市场的出现，它不仅由变化的风险界定所创造，也由那些规避风险的需求所创造。因为风险社会的胜利，生产和消费上升到一个全新的层次，预定的和可操纵的需求作为商品生产的参照点的地位，被自我生产的风险所代替。即是说，过去基于"供给—需求"的市场交易在风险社会下转向由"风险—安全"曲线来决定，过去体现为以产品所有权为基础的市场交易活动，现在转变为关于产品的风险或者风险的产品这种新的活动。换句话说，在过去的一般性的社会情境中，人们首先看到的是各种各样以物质性存在状态为核心特征的物品及其关系，而在风险社会情境下，人们首先看到或感知的则是以风险性存在状态为根本性特征的物品及其关系。

这样从所有权内容来看，过去产品所有权下对产品的占有、使用、处置、收益的权利转变为风险所有权下对风险的占有、使用、处置和收益。简言之，在以风险为中心的风险社会当中，物质产品的所有权关系在形态上变更为风险的所有权关系，对物质产品的占有、使用、收益以及处置的具体权利内容转变为对风险的占有、使用、处置和收益的具体权利。

总之，在风险丰裕的风险社会情境下，风险超越具体的物质产品成为社会存在物的主要形态，风险所有权关系超越物质产品关系成为社会关系的主要形式。风险所有权具有了正式的权利关系，在此条件下风险管理活动和过程等所有权内容可明确表述成风险占有权、使用权、处置权、收益权等所有权权利。

## 二 定义假设条件的松弛

风险所有权现有的两种定义方法，分别是在"主体"和"安全"

两个定义域下展开归纳的，各自都设定了严格的假设条件。那么现在在"过程"定义域下重构风险所有权概念，由于"过程"定义域主要指向风险所有权的内容，即管理活动、行为、过程等，相较而言是一种较为客观的定义域。在此定义域中，就可以松弛前述风险定义域和主体定义域下的严格假定或设定条件，如主体并不是必然有严格的经济理性，风险也很难区分出人为和自然界风险。由此展开设定的新的定义假设条件，风险社会理论可以提供，这便是风险社会主体的反思理性。关于反思理性的设定，风险社会理论从持有限反思理性发展到持积极反思理性的观点。

早期观点是关于有限反思理性。贝克持这一观点。贝克认为由于个体化对制度的紧紧依赖，反思性也具有制度化特点。[①] 反思性制度化表现为：一是反思理性在特定制度背景下实践，个体将其所处的"社会"作为一种"环境变量"进行个体化的操作，通过适合个人行动领域的措施来对社会带来的影响进行中和、破坏和缓和。二是制度和社会产生的风险与矛盾的"闸门"向个体敞开，表现为随着制度依赖的增长，个体境况遇到危机的可能性也在增加，从而对个体反思性提出更高的要求。过去诸如灾害、流行病等个人并不担负责任的事件，现在变成有关"个人失败"的事件，要求人们管理自我，改变这种个人失败现象。三是反思性制度化本质上提出了对教育、医疗、风险服务以及政治等各种依赖性制度的需求，制度化管理关系集中表现为国家或政府提供上述制度。

新近观点是关于积极反思理性。主要代表人物是吉登斯，他从更宽泛的意义上理解反思性概念，提出积极反思理性的观点。吉登斯关注自反性现代化在个人层面的运作，提出"积极市民"的概念。在自反性现代化概念之上，还发展提出了"自反性信任"即"积极信任"

---

① ［德］乌尔里希·贝克：《风险社会》，何博闻译，译林出版社2004年版，第160—168页。

的新概念。在吉登斯基础上，韦恩等学者提出了更具有积极性的反思理性。韦恩、肖特等在批评科学与公共领域之间的客观界限的基础上，提出了一种基于"集体自我观"的"新型公共市民"概念。这一概念反对风险定义关系中体制化科学那种自上而下的简单现实主义话语，认为其排斥了风险的公共文化政治维度。肖特认为新型公共市民身份是一种"活的意识形态"，一种新的"论证传统"，其包含各种相互依存的领域。① 韦恩强调在风险建构中应维持跨越多种亚文化和本地意义框架的多样化认识网络，提出了"风险愿景"的概念，认为以公众参与为导向的风险政策需要更多地反省其目的和愿景，激发对我们作为一个社会的目标有意义的公共辩论。② 这些理论观点促进了公共风险政策实践的改变，"第三条道路""社会投资国家"等政策得到推行，强调改变国家和社会管理关系，政府减少事后的、直接性的风险福利，转变到事前提供能力培训、开发公众人力资源潜能的新政策上来，使得个人拥有更好的能力来承担风险管理活动。

笔者认为，风险社会意义下管理主体的反思理性是一种积极的反思理性，而且由于反思的普遍性，这种反思理性在属性上是一种社会公共理性，指向公共安全价值。这是因为，从本质上讲，即根据物质和意识的关系来讲，一方面在于反思理性产生的社会情境；另一方面则是人们意识的自反性。

从反思理性产生的社会情境来讲，一是风险社会被设定为是晚期现代化之后、人们步入的一种新的特征社会，表现为真实的物质需求已经发达工业社会的劳动和技术生产率的发展以及法律和福利国家的调节与保护而被客观地削减，所以，贝克所说的只产出有限反思理性的条件已经大大拓展，良好的制度化关系及其供给使得个人的有限反

---

① Shotter, J., *Cultural Politics of Everyday Life: Social Constructionism, Rhetoric and Knowing of the Third Kind*, Buckingham: Open University Press, 1993, p. 152.

② Wynne, B., "Risk and Environment as Legitimatory Discourses of Technology: Reflexivity Inside Out", *Current Sociology*, Vol. 50, No. 3, May 2002, pp. 459–477.

思理性继续拓展，主体的反思能力得到提高，因而转变为积极性质的反思理性。二是这种新的特征社会中，伴随现代化进程中劳动生产力的指数型增长，风险和潜在威胁的释放也达到了前所未知的程度，即成为一种丰裕风险情境，这引起社会关系和社会价值在方向上的转折性改变。即贝克所说的，普遍性的社会需求从"我饿"转向"我害怕"，焦虑的共同性代替了对财富需求的共同性。[①] 如此一来，在风险社会中，安全成为一种稀缺资源，在社会分配体系中"不平等"的价值体系被"不安全"的价值体系所取代，人们不再关心获得"好的"东西，而是关心如何预防更坏的东西，从而使得减少或合法化风险超越财富的不平等问题而成为核心的社会议题。

从物质和意识关系中意识的反作用特征来看，反思理性的产生和发展还依赖于人们意识的主动性的自反。这是概常的规律，不过有区别性的是，风险社会意义下的存在主体，其意识的反作用直接指向风险和安全，因而在行为上表现出风险导向和公共安全导向。这即是吉登斯所讨论的反思理性的特征。

有限反思理性和积极反思理性是有区别的。如贝克主要是从"物质—意识"关系中的物质视角来认识反思理性，因而是一种由存在决定的、被动式的、有限性的意识，其最后的政策导向也是国家如何通过改变"物质状态"来提升主体的反思理性。吉登斯主要是从"物质—意识"关系中的意识层面来认识反思理性的，因而是一种由意识自反性推动的、主动式的、积极性的反思理性。不过，仅从任意一端来认识风险社会中的反思理性都是有失偏颇的，应该汲取两个方面的科学内容，有必要从其统一性、整合性的视角来认识反思理性。

总而言之，笔者认为反思理性突出的是主体之间的公共安全合作导向。本书对反思理性的设定是：在风险社会意义下，社会中的主体

---

[①] ［德］乌尔里希·贝克：《风险社会》，何博闻译，译林出版社2004年版，第56—67页。

普遍具有风险意识、拥有一定风险资源并有能力感知风险，在行动上既注意通过反思和限制自身行为来减少风险产生，又善于通过反思性合作共同应对公共安全风险。

### 三　公共安全管理关系的权利导向

风险社会下的公共安全管理关系具有权利导向，具体分析，有如下三个方面：

首先，风险社会理论提出了有关风险所有权权利的议题。不同于工业社会中将生产与财富分配问题视为社会中心议题，在风险社会情境下，风险丰裕使得减少或合法化风险超越财富的不平等问题，成为核心的社会议题。贝克认为，风险合法化问题本质上是有关风险定义的权利在风险主体间的公平分配问题，尤指社会公众的风险信息占有权的赋予及配置关系问题。可知，风险社会下公共安全管理关系中增加了有关风险所有权权利的新内容。

其次，公共安全管理关系中增加对风险所有权权利的界定具有实质性意义。风险社会中安全成为一种稀缺资源，在社会分配体系中"不平等"的价值体系被"不安全"的价值体系所取代，人们不再关心获得"好的"东西，而是关心如何预防更坏的东西，自我限制作为一种目标由此出现。与此同时，普遍性的社会需求从"我饿"转向"我害怕"，焦虑的共同性代替了对财富需求的共同性。从这一意义上讲，界定风险所有权权利，对于限制风险主体的不安全行为、强化安全的价值收益、激励主体的安全行为、增加公共安全供给起着积极作用。

最后，风险所有权权利行为已成为事实上存在的管理行为。风险社会理论强调社会主体具有反思理性和自反性信任，要求赋予其风险定义的权利以参与风险建构活动，开放风险信息以了解风险的全部本质和特点，进而通过借助个体化资源积极分担风险责任。大量的实践也表明，社会主体在风险管理过程中执行实质性的风险权利行为，他们能凭借自身所掌握的特定风险知识和清楚表达风险信息的能力，在风险分析评估中发挥建设性作用，并乐于付出自身拥有的资源，承担可接受水平的风险管理任务，通过以个体化责任的方式、公共风险共同体方式或者政治参与等多种形式分担风险责任。从中我们可以看出，基于反思性权利行为建立的所有权关系具有制度化的特征，能够对风险建构中的不确定性、复杂性、偶然性和混乱性的散漫建构施加约束和协调，限制主体间的风险转嫁和权利侵犯行为，使得每一风险主体以其最佳效率水平分担可接受水平的风险，从而最大化地实现公共安全保障。

因此，有必要对公共安全管理关系中新出现的这些风险所有权权利及其关系等内容进行学理上的界定和概括，即在理论上讨论风险所有权的新内涵。

## 第三节　风险所有权的新内涵

风险所有权的新内涵，是指风险社会意义下多个社会主体在公共安全管理中的责任形态，是一种以责任为基础的权利导向的新型责任框架。从所有权内容看，风险管理活动、管理行为或管理过程体现为风险占有权、使用权、处置权、收益权等所有权权利；从所有权关系看，风险所有权关系表现为公共安全权利导向和公共安全合作的权利性管理关系。

### 一　风险所有权权利

风险所有权权利由风险占有、使用、处置以及收益的具有管理属性的权利内容构成，具有积极权能的意涵（如图3-3所示）。

（一）风险占有权

占有权是对所有物加以实际管领或控制的权利，风险占有权即对

第三章　风险所有权概念重构

```
风险占有权 → 风险使用权 → 风险处置权 → 风险收益权 → 风险占有权
```

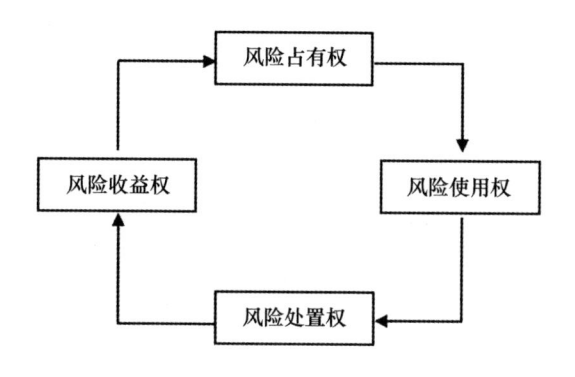

**图 3-3　风险所有权权利构成**

风险的实质性控制权利。具体有三层内容：

第一，指实质性占有风险信息的权利。由于科学和社会建构的双重信息才能完全揭示风险的全部本质，对风险信息的实质性占有即指获取风险的科学和社会信息的权能。贝克认为，如果我们原来关心的是外因导致的危险，那么今天风险的新的历史本性则来自内在的决策，它们同时依赖于科学和社会的建构。[①] 在这一意义上，文明风险的科学和社会感知的逻辑以它们的合作与对立展现出来。贝克提出一方面在对风险本质的完全揭示上，应该思考在何种程度上社会的风险感知还依赖于科学理性，即使它系统地否定和批判科学；另一方面，是什么样的过失根源和系统性错误被建构进对风险的科学感知中，这种感知只有在社会风险感知的参照视野中才变得可见。对于前者而言，科学是定义风险的媒介和解决风险的资源，社会建构过程依赖于其展开。当科学越来越分化的时候，有条件的、不确定的和分离的细碎后果在增长并扩散到外部联系上，同时相反地使政治、商业和公共领域中科学后果的目标群体与应用者成为知识界定这一社会过程的积

---

[①] [德] 乌尔里希·贝克：《风险社会》，何博闻译，译林出版社2004年版，第66—68、191—194页。

极的共同生产者。科学化的"客体"在它可以而且必须主动操纵不同的科学解释的意义上,同样成为它的"主体"。贝克提出"反思性科学化"的概念,意指通过科学从科学中解放社会实践的可能性。就后者而言,贝克指出,对科学和技术的批判的起源并不在于批评者的"非理性",而在于科技理性面对文明的风险和威胁的增长时的失败。[①]这种失败不仅仅是过去的,并且确确实实就是现在的有危险的未来的。事实上它是逐渐发展直至变得完全可见。这并不是单个科学家或者学科的失败,而是系统地基于科学对风险的制度化和方法论的研究理论,即风险在本质上是被建构的,科学不可能完全对文明的风险做出适当的反映。在这个意义上,科学和技术的风险陈述中有关可接受性风险的假定是错误的,贝克认为对人们感知的"谬误和非理性"的判断是这个错误的主要部分。科学假定公众风险感知的"非理性",认为公众不具有足够的科学知识,是无知的,因而他们只需要被填满技术的细节,共享专家对风险的技术可管理性的观点和评估,就可以摆脱非理性的状态,因缺乏的风险意识被科学填补而获得公共安全感。贝克指出,"现在一切都颠覆了",人们不接受对风险的科学界定。在对风险的关注中,自然科学家不知不觉地以某种方式使自己失去了权力,将自己推向了民主化,不断增长的对风险的意识和社会认可的历史与科学的解神秘化历史共同推进,现代化风险意识已经针对科学理性的抵制而确立了自身,公众自己成了有关文明风险的替代性专家。因此总体来讲,对风险的科学和社会信息的共同的、实质性的占有权意味着风险定义权向全部社会主体的实质性开放,并发展成为一项新的公共权利,风险信息成为公共信息。风险信息占有权是一项基础性、通用性权利内容,对于风险的各种形态都具有适用性。

第二,指风险资源的实质性占有权利。风险资源的占有权,一方

---

[①] [德]乌尔里希·贝克:《风险社会》,何博闻译,译林出版社2004年版,第69页。

面与物质产品的所有权关系有关；另一方面其占有关系在风险社会下发展出新的关系特征。伴随晚期工业社会中个体化的发展历程，风险社会情境中的风险资源存在形态具有实质性占有特征，而且明显具有反思性占有的特点，即风险主体运用反思理性，通过个体化掌握的风险资源积极拓展自身的风险职能，因而在实质上占有风险、承担一定的风险责任。风险资源的占有权不同于物质产品所有权下占有关系的区别性、限制性立场，重在表达一种合作性、发展性立场。风险资源由不同风险主体占有，具有多种多样的形式，不同形式资源有不同的风险功能，由此在不同风险形态下的适用性存在区别。从这一意义上讲，风险资源占有权是一项专用性权利，也即在特定风险形态下有必要划分出相适应的风险资源占有权的若干子权利。

第三，对风险的实质性控制权利意味着风险占有权是一项有限的权利，是基于可接受风险水平的权利内容。风险权利边界的划定，具有"类产权"的特殊意义，既可有效限制风险主体的不安全行为从而减少风险生产及其负外部性，又可防止主体间的权利侵犯行为从而激励其积极参与风险减除和公共安全供给。从风险社会理论看，风险社会假定风险主体的自反理性，各个主体能全面了解风险信息，清楚自身拥有的资源和风险职能，既主动披露风险消费偏好，又乐于通过各种适宜形式进行合作，从而使得基于可接受风险水平的风险合作能够实现公共安全的有效供给。因此，有限的风险占有权利是一种实质性权利，基于有限风险权利可实现对风险的有效控制和公共安全有效率水平的供给。

总体来讲，由于风险社会下风险权利的反思性，风险的占有权区别于物质产品所有权下的占有关系，是一种合作性权利，因此对风险主体进行赋权和能促具有新的积极意义。

（二）风险使用权

使用权是在不损毁所有物或改变其性质的前提下，依照物的性能和用途加以利用的权利。风险使用权即在不产生额外负外部性的条件下，风险主体通过行使风险占有权，依据风险属性、可管理性特征以及可用于配置的风险资源等选择适宜的管理策略以实现对公共安全合理和有效管理的权利。显然，这里风险使用权同样具有积极权能的性质，是积极意义上的使用权利。公共安全管理理论认为，根据公共安全风险的不同特性并结合行为主体所处的环境和条件，可供选择的适宜安全管理策略有四种类型：对发生概率较低、不利后果轻微的公共安全风险，宜采用保留的方式；对发生概率低但后果严重的公共安全风险，宜采用转移的方式；对发生概率较高、不利后果轻微的公共安全风险，宜采用减缓的方式；对发生概率较高且不利后果非常严重的公共安全风险，宜采用规避的方式。因此，风险保留、风险转移、风险减缓、风险规避共同构成了公共安全管理策略的结构模型。其中，风险保留指一般公共安全中风险主体的自我补偿策略，即公共安全风险相对较小，可能造成的损失微不足道，风险主体能够承担风险造成的损失；风险转移是风险主体间共同分担风险的特定方式，既有纯粹的风险转移，也有风险责任转移和风险暴露方式的转移等；风险减缓是指通过对公共安全的分析，采取预防和危机管理计划，以防止或减少损失的发生以及恢复公共安全；风险规避是针对严重的公共安全风险所采取的回避性策略，风险规避一般是无成本的，但在一定条件下，风险规避会改变其他与之相关的风险的基本属性从而带来新的成本，特别是公共安全风险规避有时候是不可能的，风险占有权下要求风险主体更积极地对公共安全风险进行减缓处置，或者选择自我保留和风险转移策略。

综合上述分析来看，管理策略的选择过程可以表达为基于公共安全属性和可管理性分析的主体风险资源配置计划的决策过程。从这一意义上讲，风险使用权体现为主体关于风险信息及其风险资源的计划或决策权利，实质为风险主体对风险占有权高效行使的结果。在风险占有权关系中，风险信息占有权具有公共权利和通用权利的属性，由于风险使用权是以公共安全风险信息为中心的计划决策权利，因此这种计划或决策权利也属于公共权利和通用权利的范畴，即指公共安全管理的计划决策权利向全部风险主体开放，不仅是风险管理阶段，在风险的其他形态中也同样适用。本研究认为，风险使用权即风险的计划权利是一项公共权利，具有通用权利的属性。

（三）风险处置权

处置权指对所有物依法予以处置的权利，处置权利是所有权权利的核心和拥有所有权的根本标志。风险所有权关系下的处置权是指主体依据风险占有权、使用权对公共安全进行管理的权利，其权利内容指向具体的管理职能、管理活动和管理行为，由此可划分出处置权的多个子权利。处置权是主体风险占有权、使用权和收益权存在的实质性标志，也是拥有这些权利的真正价值所在，是风险所有权的核心权利。而从风险所有权的管理学定义看，风险处置权亦构成风险所有权的标志性权利。由于风险主体的公共安全管理行为不止一处，处置权也由多个不同的权利内容构成。张海波认为公共安全管理存在不同的理论范式，风险处置权也相应地划分为不同的权利范畴，权利的具体内容由所属范畴来设定。[①] 他认为存在三种管理范式及其权利范畴：

第一是风险控制范式，其假定风险是客观的，研究对象是可以观察的，多采用制度分析或计量分析的方法，试图将风险确定化或量化，设定处置权利为控制风险。第二是综合减灾（突发事件综合应对）范式，其假定灾害是客观的，研究多注重减灾方法，尤其注重土地规划、建筑、工程措施、保险、社区等方法的综合运用，处置权利面向综合减灾设定，权利的具体内容围绕不同方法进行具体设计。第三是危机管理范式，其承认危机是客观存在的，研究对象可观察，采

---

① 张海波：《公共安全管理：整合与重构》，生活·读书·新知三联书店 2012 年版，第 90—92 页。

用多案例研究方法,试图通过组织、决策、制度、流程等方式来应对和处理危机,处置权利通常面向危机的应对计划进行设定。

英国风险管理学家马丁·冯和彼得·杨认为,风险所有权的处置权利主要包括三种类型的管理内容:一是降低风险/不确定性的管理活动,主要指公共安全信息管理;二是防止损失发生的管理活动,将这一类型的处置权利内容细分为基于风险因素的防范行为、基于风险事故的防范行为和基于风险暴露的防范行为三种;三是减少损失的管理活动,指损失一旦发生时,为限制损失直接或间接影响所采取的管理行为。①

从公共安全管理实践看,风险所有权的处置权分成三种简易类别,每一类别的内容由主要的几种管理行为构成:一是适用于公共安全预防的处置权利内容,主要包括计划、组织、训练、装备、演练以及评估与改进等;二是适用于公共安全应对的处置权利内容,分为突发灾害形势感知和分析,激活并启动关键资源和计划,开展紧急救援、紧急医疗服务、紧急疏散与安置、物资运输、应急信息发布等;三是适用于公共安全恢复的处置权利内容,分为短期恢复和长期恢复,前者主要包括提供公共健康和安全服务、心理恢复、恢复中断的基础设施、恢复运输线路、为转移公众提供食物与安置场所等,后者指灾难重建的长期过程。② 依据《突发事件应对法》,可将公共安全管理的处置权利进一步细分成四个类别,即预防与准备、监测与预警、应急处置与救援、恢复与重建,每一类别包括了多项具体的处置子权利。从以上分析不难看出,风险所有权的处置权具有明确的专用权利属性,处置权下的不同子权利对于不同的风险形态具有严格的单边适用性。

---

① [英]马丁·冯、彼得·杨:《公共部门风险管理》,陈通、梁洁编译,天津大学出版社2003年版,第89—93页。

② 范维澄等:《公共安全科学导论》,科学出版社2013年版,第88—90页。

## (四)风险收益权

收益权指收取所有物所生利益的权利,收益权是与处置权有密切联系的所有权权利,风险收益权是风险处置权的结果。风险收益是客观存在的,但由于实践中公共安全管理通常被视为对有害风险的管理,而较少关注同一情况下有益风险的变化,因此风险收益权才被作为一项隐性的权利而受到忽视。风险收益权有多个内容,对于各个风险主体而言,既存在共同的风险收益,又因各主体适用的协调机制和资源获取机制不同,各有其风险所有权收益。根据前述分析,风险信息占有权和风险使用权具有公共权利的属性,占有权和使用权的行使结果亦具有公共性,即公共安全收益权是全部风险主体共享的公共所有权,这构成了风险收益权的核心部分。公共安全具有正外部性和溢出效用,从主体的风险资源占有权的权利性质看,安全的溢出收益表现为不同风险主体运行机制及其资源配置机制不同而获得不同的风险所有权收益,按照主体类型可分为政府的风险所有权收益、市场/企业的风险所有权收益、社会的风险所有权收益。

就主体的风险所有权收益而言,马丁·冯和彼得·杨认为,组织进行风险管理在根本上是为其目标服务的,风险收益主要体现为对组织稳定性和组织能力最大化的积极促进作用。[①] 这样从政府视角看,风险所有权收益便主要是指风险合法化和政府公共安全服务的稳定供给。风险合法化特指风险社会情境下国家政治的合法性问题。由于政府的风险所有权收益取决于整体的公共安全收益状况,因此在公共安全管理中,政府必须站在政治合法性和公共安全服务职能的高位建构反思理性,保障风险信息占有权和风险使用权的公共安全权利属性,积极运用多种协调机制高效配置风险资源,强化和拓展政府风险职能,最大限度地保障社会公共安全。

---

① [英]马丁·冯、彼得·杨:《公共部门风险管理》,陈通、梁洁编译,天津大学出版社2003年版,第209—211页。

市场/企业的风险所有权收益主要指公共安全溢出带来的经济效应。王化楠认为这一溢出效应主要表现为营销效应对收入的提高、声誉效应对企业成本的较低，以及公共安全风险防灾减损投入带来的损失降低等。① 安全经济学指出，企业的安全效益包括减损效益和增值效益两个部分，前者指安全是使市场生产活动"免受人身伤害和财产损失"的条件，是生产活动的一种特殊需要；后者指安全的生产力特性，即适宜的安全投入与企业生产力连续性发展和经济效益增长成正比关系。因此，风险社会情境下市场/企业在公共安全管理过程中应积极拓展风险职能、主动承担风险责任。张海波等认为应重视私人领域风险政策的公共影响，企业的风险政策纳入公共政策框架；② 姚庆国等认为企业应有效结合社会公共安全消费需求与产品生产效率，在此基础上合理设定安全投入与产品生产之间的资源配置比例，同时根据公共安全消费特征将安全资源进一步配置到生产活动的各个环节；③ 另外，企业作为最重要的市场主体，主要功能是提供满足消费者需求的产品，在风险社会情境下应对安全供求关系的变化保持敏感性和回应性，提供满足公众多样化安全需求的高质量产品；最后，企业应主动运用社会协调机制，参与风险慈善和公共安全公益事业，履行风险社会责任，通过安全反哺使社会恢复到灾前的发展水平，而社会的恢复也将为企业继续发展提供新的动力，最终形成正反馈循环。

社会的风险所有权收益主要指公共安全实现过程中所产生的价值效用，表现为对社会组织稳定性和组织能力提升的积极推动作用。公共价值是维系社会组织稳定性的根本力量，斯科特·拉什将社会组织称为"派系"（sect）或"解体组织"，他认为不同于等级化的行政组织，派系首先是非制度的，是开放的、脆弱的、缺乏集体的实体，它

---

① 王化楠：《中国整合性巨灾风险管理研究》，博士学位论文，西南财经大学，2013年。
② 张海波等：《高风险社会中的公共政策》，《南京师范大学学报》2009年第11期。
③ 姚庆国：《安全经济学基本问题综述》，《山东社会科学》2004年第12期。

们形成的是反思性和灵活的共同体，处于一种偶然性、不安全和边缘情境之中，通常存在一段时间又会重新进行组合。① 所以，与制度对组织凝聚的失效相比，社会组织通过紧密的情感性命令来约束自身，其基础是友情、价值和亲密群体，它们植根于共同的实践中，怀着对美好生活的憧憬，追求内在的善。公共安全实现过程是组织价值实践和美好生活实现的过程，通过灾难中的社会交流、情感共鸣和记忆强化，松散的社会组织转变为稳定的价值共同体。价值效用还表现为其他风险主体对社会组织的价值认同及其带来的能促作用。从政府主体看，一旦社会组织在公共安全管理中的价值得到其认可，即可通过组织合法性赋予、政策法规指导、行政和资金资源配给等支持社会组织顺利发展。从市场/企业主体看，社会组织的价值号召和价值实践通过消费者需求反馈给市场主体，后者基于经济的和社会的责任做出积极回应，通过社会协调机制参与到社会组织活动中，由此为组织带来市场化资源。一方面，社会组织向市场机制学习，引入企业成功的管理方式，利用市场化运作提高组织运行效率，提升组织能力；另一方面，资金与人才是制约社会组织发展的两大主要因素，来自企业的资金和物资支持以及专业化企业中的人才支持有助于破解社会组织面临的困境，实现组织的可持续发展。风险社会情境下，社会风险主体的最重要作用在于其是反思理性的源头和最早实践者，从社会主体开始，反思理性扩展影响到政府和市场风险主体，进而使全部风险主体具备反思理性，这也是前文在辨析公共安全概念中明确识别安全社会主体的用意所在。斯科特·拉什更明确地指出社会组织和第三部门的重要性，② 认为组成了反思现代性的风险文化的社会相互作用的类型不是规范性的，而是在边缘、在第三领域、在私人社会和公共生活的

---

① ［英］斯科特·拉什：《风险社会与风险文化》，王武龙译，《马克思主义与现实》2002年第4期。
② ［英］斯科特·拉什：《风险社会与风险文化》，王武龙译，《马克思主义与现实》2002年第4期。

交界处运作的价值群，即它们在价值而非规范的媒介中运作。因此在公共安全管理过程中，社会组织应把作为政府和市场补充的角色视为仅仅是组织最基本的功能而非全部，风险社会情境下组织的中心任务转向以反思理性为基础主动拓展风险职能，增强在不同风险形态中的共同适用性。为此，政府必须确保风险信息占有权和风险使用权作为风险社会中的公共权利，并提供制度化资源和管理关系以强化社会主体的反思能力，同时政府和市场主体也应赋予自身行政机制和市场机制以反思性质，从而使得相关风险主体强化风险责任意识和管理能力，协同推进公共安全。

由于风险收益的客观存在性，视风险收益权作为一项显性的风险权利十分必要。一方面，显性的风险收益权将更加准确地反映公共安全风险在一个国家或地区不同部分的真实变化水平；另一方面，可以全面展现出公共安全管理的全部价值。对风险收益权的强调，还有助于推动风险主体更加负责、高效地行使风险占有权和使用权，从而以一种更加公平和有效率的方式分配风险管理活动。

综合以上对风险占有权、使用权、处置权以及收益权的阐述，风险所有权权利实际上是风险的所有者也即承担风险的管理主体开展的公共风险管理活动和过程。这一管理活动包括四个基本要素：占有风险信息和资源，参与风险决策计划，开展风险处置，评估风险收益。

## 二 风险所有权关系

风险所有权关系，指的是风险管理任务、活动、行为在主体之间的配置关系。因此，对所有权关系的分析可以从所有权权利、主体以及配置逻辑展开。

从风险所有权权利看，四项权利内容中既有通用性权利，也有专用性权利，前者属于公共权利，后者表现出公共合作导向，这意味着风险管理活动配置的主动性和自觉性得以强化，对于严格责任规则的要求降低。

从主体看,风险所有权的权利主体具有反思理性,主体普遍具有风险意识、拥有一定风险资源并有能力感知风险,要求赋予其风险定义权利以参与风险建构活动,开放风险信息以了解风险的全部本质和特点,在行动上既注意通过反思和限制自身行为来减少风险产生,又善于通过反思性合作共同应对公共安全风险。因此,风险所有权权利是一种具有反思性的管理行为,对这些权利进行配置表现为反思性合作的过程。

从配置逻辑看,从所有权出发划定和分配风险管理活动,首先会强调管理主体的所有权权利,赋予主体风险信息占有权、风险资源占有权、风险使用权、风险处置权以及风险收益权等。这样就把对权利的强调、权能的提升放在首要位置,其反映出的配置关系逻辑与责任性管理关系逻辑存在显著区别。

从总体来看,从所有权出发来定义风险所有权,由于定义情境设定为风险社会并且风险主体具有反思理性,在责任问题业已解决的基础上,管理活动配置的责任规则逐渐淡化,对权利的强调明显强化,这样在配置关系中责任性的一面处在隐性位置,权利则由原来的隐性位置转到显性的位置,表现出导向性的特征。配置逻辑实现了结构性转换,所有权关系由责任性管理关系转换到基于所有权的权利性管理关系。这种权利性管理关系即是对实践中公共安全管理关系权利导向的抽象和理论概括。

因此,我们现在可以这样定义:从所有权要素出发定义的风险所有权概念,指风险社会意义下多个社会主体在公共安全管理中的责任形态,是一种以责任为基础的权利导向的新型责任框架。从所有权内容看,风险管理活动、管理行为或管理过程体现为风险占有权、使用权、处置权、收益权等所有权权利;从所有权关系看,风险所有权关系表现为公共安全权利导向和公共安全合作的权利性管理关系。

## 小　结

本章主要引入风险社会理论，从所有权要素、公共安全过程定义域以及公共安全管理关系三个定义要件搭建风险所有权概念重构的逻辑，从所有权权利和所有权关系两个方面给出其新内涵。风险所有权是指风险社会意义下多个社会主体在公共安全管理中的责任形态，是一种以责任为基础的权利导向的新型责任框架。从所有权内容看，风险管理活动、管理行为或管理过程体现为风险占有权、使用权、处置权、收益权等所有权权利；从所有权关系看，风险所有权关系表现为公共安全权利导向和公共安全合作的权利性管理关系。本章还对风险占有权、使用权、处置权、收益权等各项所有权权利进行了详细阐述。

# 第四章

# 风险所有权演化模型构建

本章在第三章基础上构建风险所有权演化的基本模型。首先，从风险所有权三种定义的内在统一性分析风险所有权和公共安全管理关系之间的关联，指出三种定义统一于风险所有权的内在要素结构，从风险所有权的生成过程出发可提供解释不同公共安全管理关系的一致逻辑。实际上，风险所有权是用来描述公共安全管理关系的一个理论概念，其由所有者、风险以及所有权三个基本要素构成；从不同要素出发，风险所有权表现出不同的所有权关系。风险所有权概念之下存在三种基本的所有权关系，即从所有者出发的责任性管理关系、从风险出发的责任性管理关系、从所有权出发的权利性管理关系。本书把这三种所有权关系分别称为风险所有权的所有者维度、风险维度和所有权维度。其次，探讨公共安全管理关系演化，指出其基本演化过程由三个环节组成：生成环节、复合环节、迭代环节。其中，生成环节是一种内部性过程，复合环节是一种外部性过程，迭代环节是包括内部迭代和外部迭代的动态过程。最后，在前两者基础上，从"风险—所有者—所有权"三个维度、"生成—复合—迭代"三个阶段构建风险所有权演化的基本模型。

# 第一节 风险所有权和公共安全管理关系的关联性

## 一 风险所有权三种定义的内在统一性

风险所有权三种定义的内在统一性表现在以下三方面：

第一，风险所有权的新定义吸收了实践当中新的公共安全管理关系的内容，补合了定义的漏洞，尝试建立起风险所有权的完整内涵。现有的风险所有权定义探讨的都是一种责任性的公共安全管理关系，并以此来说明整个公共安全管理关系，会有所欠缺，因为在实际上疏漏了公共安全管理关系的其他内容。而从所有权出发给出的新定义，在理论上用权利性管理关系这一称谓对实践中公共安全管理关系的权利导向进行学理概括。这样通过三种定义方法，将公共安全管理关系的全部内容置于风险所有权这一概念之下，风险所有权的内涵由不完整变得完整起来。

第二，三种定义方法之间的关系是有合理规则的。风险所有权由所有者、风险、所有权三个基本要素构成。第一种定义方法是围绕所有者要素进行的，并设定了相应的假设条件；第二种定义方法是围绕风险要素进行的，也设定了相关假设条件；第三种定义方法是围绕所有权要素进行的，也给定了相应的假设条件。这样三种定义的整合是内嵌于风险所有权的要素结构的，风险所有权变成一个具有内在统一性的概念。

第三，三种定义统一起来，我们认为风险所有权是用来描述公共安全管理关系的一个理论概念，其由所有者、风险以及所有权三个基本要素构成；从不同要素出发，风险所有权表现出不同的所有权关系。风险所有权概念之下，存在三种基本的所有权关系，即从所有者出发的责任性管理关系、从风险出发的责任性管理关系、从所有权出发的权利性管理关系。本文把这三种所有权关系分别称为风险所有权的所有者维度、风险维度和所有权维度。

## 二 风险所有权解释公共安全管理关系的一致逻辑

从上述分析可以看出，风险所有权三种定义的统一性在于从这个概念出发，可分析三种公共安全管理关系，其实质在于从风险所有权的生成过程出发可提供解释这三种关系的一致逻辑。从风险社会理论看，风险所有权的生成过程体现为风险的生产、分配、交换和消费活动。

从风险生产来看，风险生产关系存在物质性生产关系和非物质性生产关系的区分，前者指风险在主体与物质系统的互动关系中被生产出来，如主体与外部自然界和社会物质系统的互动关系，既指向自然界外在的风险，同时也包括技术运用过程中带来的风险，表现为风险的产品生产活动。如贝克认为，环境风险是工业化生产过程中带来的未预料后果，是一种剩余产品。[①] 在物质性生产关系中，主体居于次要地位。与此不同，非物质性生产关系指向风险产生的社会建构活动，贝克模仿马克思提出的生产关系概念，用"定义关系"来描述风险的非物质性生产关系特征。风险的社会定义关系包括了一些在特定的文化语境下建构风险认同和评估的法则、制度和能力，其构成了风险政治得以产生的法律的、认识论的和文化的权力根源。风险的定义关系/非物质生产关系又具体地分为两种类型：

第一种类型是决定性的风险生产关系。表现为大众传媒、科学家、政治家以及法律专业人员等主体在风险定义中居于关键位置，排斥社会公众参与，风险化约为一种确定性陈述或概率判断，风险管理

---

① ［英］芭芭拉·亚当、［英］约斯特·房龙：《重新定位风险：对社会理论的挑战》，赵延东译，载［英］芭芭拉·亚当、［德］乌尔里希·贝克、［英］约斯特·房龙编著《风险社会及其超越：社会理论的关键议题》，赵延东、马缨等编译，北京出版社2005年版，第20页。

关系建立在控制逻辑上，贝克将之称为"亚政治化"的风险定义关系框架。风险的决定性生产关系由于排斥社会权利的参与，使得风险面临合法性问题，而且其否认作为一种尚未发生事实的风险的根本矛盾性和非决定性，掩盖了风险的灾难性潜能，可能导致危险的社会爆发。在决定性生产关系下，"有组织的不负责任"设定了风险分配、交换和消费关系的主要特征，应该分担风险责任的机构和部门试图利用制度为自身辩护，导致责任主体难以确定，风险最终留给受害者。路丝·麦克奈丽称这种风险关系为"扭曲"的管理关系。①

第二种类型是反思性的风险生产关系。认为风险不仅是理性计算的结果，也关乎可接受性等社会政治问题，因此承认社会公众与专家理性在风险知识上的同等重要性，风险的社会定义与建构面向所有社会主体开放。贝克认为，一个自称是风险社会的社会是一个反思性的社会，其行动和目标的基础将成为公众的科学与政治争议的目标，并称之为"非政治化领域"的重新开放。②反思性关系的另一方面是对风险不确定性的高度敏感，不再将风险简化为一种危害密度和发生概率的乘积，而是不断去揭示风险的本质和各种可能性后果，由此重新设定了主体之间管理关系的逻辑，即从风险控制逻辑转向政治社会逻辑，从注重风险控制和责任移置转向增强政治认同和提升各主体的反思能力。在反思性的风险生产关系下，风险分配、交换和管理关系也出现新变化。斯科特·拉什认为，风险社会相互作用的主要形式可能不再包含"后果承担者"（也即风险的接受方）的亚政治，风险的制造者、应急部门的管理者将处于更加中心的位置，这些社会相互作用

---

① 路丝·麦克奈丽：《基因技术中"风险"的策略性使用：欧洲狂犬病根除计划》，马缨、赵延东、毛新志译，载［英］芭芭拉·亚当、［德］乌尔里希·贝克、［英］约斯特·房龙编著《风险社会及其超越：社会理论的关键议题》，赵延东、马缨等编译，北京出版社2005年版，第168—176页。

② ［德］乌尔里希·贝克：《再谈风险社会：理论、政治与研究计划》，赵延东译，载［英］芭芭拉·亚当、［德］乌尔里希·贝克、［英］约斯特·房龙编著《风险社会及其超越：社会理论的关键议题》，赵延东、马缨等编译，北京出版社2005年版，第337页。

将不再是基于对他人未预料后果做出消极反应，而主要是积极承担自身造成的责任。①

从风险分配来看，风险分配关系遵循风险在主体之间的分配逻辑。一方面，风险在具体的分配关系中存在有限分配和不平等分配的情形，主体因其不同的社会风险地位而处于不同的分配位置，尤其是在决定性的风险生产关系中，处于较弱风险地位的主体往往成为风险分配中的被支配方。另一方面，从风险社会理论分析，风险分配存在公平逻辑，风险社会中风险具有一种"飞去来器效应"，风险主体不管权力、地位与经济状况如何，在其面前一律公平，风险分配遵循公平分配的逻辑，使得所有社会主体都成为潜在的风险主体。

从风险交换看，风险交换关系主要通过风险交流、风险交易、风险转嫁等在主体之间建立起关联关系。风险交流不仅指风险信息在主体之间的传播，而且关注信息交流对于主体行为及其相互关系的影响。风险交易通过市场行为改变主体之间的关系，不仅可以建立一种平等的交换关系，而且可以不分时空界限将所有社会主体纳入风险分担关系中。相比较而言，风险转嫁是一种不平等的风险交换关系，在社会上层和弱阶层之间存在自上而下的强制性风险交换关系，其结果是处在有利地位的主体通过风险转嫁免除自身的风险责任，而在边缘位置的、缺乏抵御能力的社会主体则被强制转变为最终的风险主体。

从风险消费看，主要指主体承担风险管理活动和负担风险成本。风险消费中，主体所处的具体状况取决于风险的生产、分配和交换关系。同时，风险消费对于风险生产、分配和交换产生回溯影响。风险社会认为，由于风险消费的"无底洞"，一种完全新型的需求，进而市场由变化的风险界定所创造，特别是那些规避风险的需求。因为风险社会的胜利，生产和消费上升到一个全新的层次，预定的和可操纵

---

① ［英］斯科特·拉什：《风险社会与风险文化》，王武龙译，《马克思主义与现实》2002 年第 4 期。

的需求作为商品生产的参照点的地位，被自我生产的风险所代替。这就改变了风险的物质和非物质生产关系以及分配和交换关系。

从上述分析看，在风险生产、分配、交换以及消费过程中，所有者要素、风险要素以及所有权要素都同时参与了全过程，从而生成了风险所有权。从这一过程出发，能提供解释不同所有权关系也即公共安全管理关系的一致逻辑。一方面从静态角度看，由于存在风险、所有者以及所有权三种参与要素，那么配置风险所有权也会有三种基本的导向或方法，有从所有者出发配置风险所有权的，也有从风险出发配置风险所有权的，还有从所有权出发配置风险所有权的，从而形成三种基本的所有权关系，即三种公共安全管理关系：从所有者出发的责任性管理关系、从风险出发的责任性管理关系、从所有权出发的权利性管理关系。另一方面从动态角度看，不同公共安全管理关系之间的转化可通过对风险所有权三要素的调节来实现，后者经风险生产、分配、交换和消费生成新的风险所有权，并改变配置关系，进而实现在三种公共安全管理关系之间的转换。

## 第二节　公共安全管理关系演化过程

演化是关于公共安全管理关系怎么产生，又如何变化演进的分析术语。本节以公共安全管理关系为起点，探讨基于公共安全管理关系生成—复合—迭代构成公共安全管理关系模式的一般原理，来论述公共安全管理关系演化过程，为构建风险所有权演化模型提供原理依据。

### 一　生成环节

风险管理学者马丁·冯和彼得·杨认为，风险从本质上能够影响决定产品或者服务的公共性。① 从风险视角切入，运用公共品理论，通过分析风险生产和消费特性，通过揭示公共安全的公共品属性来展现公共安全管理关系的生成过程。

风险社会理论较为清晰地解释了风险的生产和消费特征。卢曼用"风险—危险"的二分概念分析了风险生产的外部性问题。② 风险社会中风险同决定有关，风险生产涉及决定者和受害者两类主体，生产过程表现为人们决定做或不做某事及其可预见后果。如果决定会危害某些人，那么决定对这些人而言就是危险的，对决定者而言则是有风险的，原因是未来出现的危害将归因于目前所做的决定。风险生产的内在过程表现为行为决定，外部性表现为对受影响者带来的危险。贝克揭示了"人为制造的不确定性"的决定所带来的严重负外部性，其副作用所产生的经济的、社会的以及政治的后果表现为资本贬值、市场崩溃、巨额浪费、对工业决策的官僚化审查、法律程序和威信的丧失等。③

从风险消费特点看，风险社会理论给出了风险分配消费的基本逻辑。不同于工业社会中财富按照阶级和阶层地位进行分配消费的逻辑，风险社会中风险分配对每一个人都是公平的，风险消费也是公平的，贝克简洁地表述为"贫困是等级制的，（光化学）烟雾是民主的"④。对于其机理，风险社会理论解释为，风险社会中风险具有一种"飞去来器效应"，任何人不管权力、地位与经济状况如何，在其面前

---

① ［英］马丁·冯、彼得·杨：《公共部门风险管理》，陈通、梁洁编译，天津大学出版社 2003 年版，第 8—10 页。
② 转引自胡正光《风险社会中的正义问题：对风险与风险社会之批判》，《哲学与文化》2003 年第 11 期。
③ ［德］乌尔里希·贝克：《风险社会》，何博闻译，译林出版社 2004 年版，第 22 页。
④ 阿兰·斯科特：《风险社会还是焦虑社会？有关风险、意识与共同体的两种观点》，赵延东译，载［英］芭芭拉·亚当、［德］乌尔里希·贝克、［英］约斯特·房龙编著《风险社会及其超越：社会理论的关键议题》，赵延东、马缨等编译，北京出版社 2005 年版，第 52 页。

一律公平。"在现代化风险的屋檐下，罪魁祸首与受害者迟早会同一起来。……这里变得明确的是地球变成了一个弹射座椅，它不再承认富裕与贫穷、黑人与白人、北方与南方或者东方与西方的区别。"它"以一种整体的、公平的方式损害着每一个人"。[①]贝克称之为"世界性的风险社会"。风险消费的公平性、非排他性、非竞争性、全球性决定了公共安全是全球性公共产品，属于纯公共产品范畴。不过，阿兰·斯科特[②]却认为，贝克不计风险程度地将所有风险类型都归于总体灾难名下的观点需要谨慎，实际上社会中的行动者所关注和恐惧的"理论上可能的最大灾难"只是一个假设性的建构物，当行动者做日常的决策时，是不会考虑这样的风险形式的，他面临的现实情况是亚灾难的、相对的，在某种程度上是可预测的。财富用来提供的、使人们不受风险困扰的公共安全也是亚公共性、相对的、地域性的、分层的，有一些地方（光化学）烟雾更少，而另一些地方相对较多。从风险实际消费的地域性看，风险具有部分排他性或者部分竞争性，其所影响决定的公共安全消费也具有部分排他性或部分竞争性，属于准公共产品。

风险消费的公共品属性，决定了公共安全管理关系的公共特点。实际上不仅是风险消费，风险生产、分配、交换以及消费共同实现了公共安全管理关系的生成。其何以能生成公共安全管理关系？本质上在于通过这样的生成活动，使得公共安全管理的主体、对象以及职能或过程三要素都纳入一个公共性的生成场域中，从而使得构建公共安全管理关系的基本要素全部在场。由于公共安全管理关系的生成侧重强调某一社会主体参与公共安全管理活动，而不是主体之间在管理活

---

[①] ［德］乌尔里希·贝克：《风险社会》，何博闻译，译林出版社2004年版，第40页。
[②] 阿兰·斯科特：《风险社会还是焦虑社会？有关风险、意识与共同体的两种观点》，赵延东译，载［英］芭芭拉·亚当、［德］乌尔里希·贝克、［英］约斯特·房龙编著《风险社会及其超越：社会理论的关键议题》，赵延东、马缨等编译，北京出版社2005年版，第52—54页。

动或任务上的配置问题，因此是一种内部性的生成过程。

## 二 复合环节

公共安全供给展现公共安全管理关系的复合过程。马丁·冯和彼得·杨运用"公共性"和"辅从性"概念诠释如何通过公共安全管理关系的分配和配置来实现公共安全的有效供给。他们认为"公共性"表现在由于非排他性、外部性或其他因素的存在，市场已经无法将风险成本整合到产品或服务的价格之中，需要政府进行干预；"辅从性"则认为民主社会中，个体享有决定一般个人事务的权利，当个体无能为力决定自己的事情时，假定存在一个"辅从阶层"，帮助解决"个体无能"的问题，"辅从性"依次排序为"个人—家庭—非正式/自发性社会团体（包括市场）—公共机构/社会性机构—地方政府/社会性机构—中央政府/社会性机构—国际性机构"①，政府不是公共安全供给中的唯一主导。薛青认为公共安全可分为纯公共安全产品和准公共安全产品两类：国防安全、国家对罪犯的教育和改造、关系国家安全和国计民生的单位以及重点要害部位的治安防范等属于纯公共安全产品与服务供给，由政府承担供给责任；准公共安全产品与服务如收费停车场、住宅小区和工业园区的火灾抗御设施、交通安全教育培训、社区治安综合治理等，引入市场力量供给。② 不过稍有遗憾是，这一区分没有特别注意到公共安全的主体边界。钟雯彬将公共安全产品划分为管理和服务两类来界定公共安全的属性。③ 管理类产品，如政府公共安全管理机构设置、人员编制、经费保障与技术力量支撑，

---

① ［英］马丁·冯、彼得·杨：《公共部门风险管理》，陈通、梁洁编译，天津大学出版社2003年版，第18—22页。
② 薛青：《公共安全产品与服务供给机制多元化有效实施的若干思考》，《商业时代》2013年第27期。
③ 钟雯彬：《公共安全产品与服务供给的新秩序模式》，《中国人民公安大学学报》2004年第1期。

公共安全法律法规及制度安排等，所提供的公共安全功能在消费上存在明显非排他性、非竞争性和相当程度的政治性，属于纯公共安全类别，在管理关系上政府负担此类纯公共安全产品的供给职能；服务类产品，如抢险救援服务、安防设施设备及产品开发、安全工程维护检测、安全认证、安全培训、法律咨询等，提供的公共安全功能有的虽具有排他性，但不具有竞争性，有的具有非竞争性但不具有排他性，属于准公共安全类别，在管理关系上政府可通过市场化方式引入民间力量，增加供给，满足社会对公共安全的消费需求。

从上述对公共安全供给的分析看，公共安全供给既存在纯公共产品供给模式，也存在准公共产品供给模式，这两种模式形成的过程是相同的。从安全供给看，它是多元供给主体之间依据管理关系对公共安全管理行为或活动进行分配和配置来形成的。从相对的视角看，这一分配和配置也表现为主体之间的行为复合或任务复合，是从公共安全管理关系复合形成的不同公共安全管理关系模式。本书用"复合"一词来代替"分配"，主要是认为分配对于管理关系而言具有约束性分配和结果倒推倾向，而复合则恰好相对，具有开放生成和源头构建的特征，有利于从一开始就全面认识公共安全管理关系中的全部要素。同时，"复合"这一词与"公共安全复合治理"理论中的"复合"是一个意思。与生成的内部性不同，公共安全管理关系复合侧重强调风险管理行为或活动在不同主体之间的分配或配置，是一种外部性的过程。

### 三 迭代环节

相较公共安全管理关系生成、复合的静态过程而言，公共安全管理关系迭代是持续动态变化的过程。那么，迭代是怎样一个具体过程？笔者认为可从迭代的推动机制和迭代方向两个方面进行揭示。推动机制源自于实践运行中的公共安全管理关系存在的不适应性问题，迭代是不适应的公共安全管理关系向新的适应性的调整升级。

风险社会理论用"有组织的不负责任"来揭示公共安全管理关系的不适应问题。这一概念意指"在面临巨大的安全威胁时,本应分担责任的机构和部门试图利用制度为自身辩护,想方设法开脱安全责任,以致责任主体难以确定,责任悬置"[①]。贝克认为,风险的发生源于"有组织的不负责任",表现为在风险社会中,那些由晚期工业社会产生的危险或人为制造的不确定性与那些由内容和形式都植根于早期工业社会中的定义关系之间存在错误匹配。[②] 在风险定义关系中,科学专家独揽建构大权,政策于是只出于专家单方面提供的意见来决定,并由政治部门合法化,没有可能的受害者,即社会大众共同参与。一旦灾难造成,并不会有法律方面的问题,风险的制造一切合法,而且也没有确定的责任对象。这里,风险社会理论将公共安全管理关系的适应性问题抽象为风险定义中的权利关系的不公平分配。因此,适应性管理关系的调整主要是围绕风险定义权利关系的重新建构进行,贝克将之描述为"一种包含更多复杂性、偶然性和断裂性的新形态"[③]。芭芭拉·亚当和约斯特·房龙认为,由于当代的一些危险的本性以及它们的社会风险定义关系正在一个暗含的结构水平上转变,因此需要建立一个对风险感知和表述的全新的符号性排序。[④] 贝克将

---

① 钱亚梅:《风险社会的责任分配初探》,复旦大学出版社2014年版,第28—31页。
② [德]乌尔里希·贝克:《再谈风险社会:理论、政治与研究计划》,赵延东译,载[英]芭芭拉·亚当、[德]乌尔里希·贝克、[英]约斯特·房龙编著《风险社会及其超越:社会理论的关键议题》,赵延东、马缨等编译,北京出版社2005年版,第340—341页。
③ [英]芭芭拉·亚当、[英]约斯特·房龙:《重新定位风险:对社会理论的挑战》,赵延东译,载[英]芭芭拉·亚当、[德]乌尔里希·贝克、[英]约斯特·房龙编著《风险社会及其超越:社会理论的关键议题》,赵延东、马缨等编译,北京出版社2005年版,第7页。
④ [英]芭芭拉·亚当、[英]约斯特·房龙:《重新定位风险:对社会理论的挑战》,赵延东译,载[英]芭芭拉·亚当、[德]乌尔里希·贝克、[英]约斯特·房龙编著《风险社会及其超越:社会理论的关键议题》,赵延东、马缨等编译,北京出版社2005年版,第10页。

此建议为开放过去非政治化的决策领域,并对其进行民主的审视。①

管理学也在探讨公共安全管理关系的适应性问题。保罗·拉施基通过实证分析制度与自然灾害损失之间的关系,认为灾害公共安全管理中缺乏风险转移市场机制、过度依赖政府灾难救济以及公共安全责任高度集中在中央政府等会导致公共安全资源配置的低效率,不利于灾害管理。②史蒂芬·布雷耶分析了风险规制机构、立法机构、公众之间的管理关系如何交流互动从而扭曲公共安全资源有效配置、导致风险规制过度以及引发新的公共安全问题。③戴维·莫斯梳理了美国公共安全风险管理的历史演变,指出政府如何围绕处理市场失灵和社会优先问题成功推进公共安全管理,并具体以风险分配作为新的政策分析框架,论证了政府如何通过调节主体间的管理关系从而更节约地实现风险预防和公共安全保障。④

管理主体之间的互动关系具体展示了公共安全管理关系的不适应性是如何产生,以及应向怎样恰当的方向调适。这方面主要有下面四个具体的视角:

第一个视角,"个体化"是重要分析概念之一。刘秦民认为,风险社会的最根本结构性特征是"个体化",个体化社会中的每个人都是风险的主体,其扩张使得社会整体上的风险呈现不可控态势,从而使得现代社会具有风险社会的特征。⑤陈忠认为,当代社会中出现的新的个体化形式以及不断强化的个体主义,使得全社会似乎进入一种

---

① [德]乌尔里希·贝克:《再谈风险社会:理论、政治与研究计划》,赵延东译,载[英]芭芭拉·亚当、[德]乌尔里希·贝克、[英]约斯特·房龙编著《风险社会及其超越:社会理论的关键议题》,赵延东、马缨等编译,北京出版社2005年版,第344页。

② Raschky, Pau, "Institutions and the Losses from Natural Disasters", *Natural Hazards and Earth System Sciences*, Vol. 8, No. 4, July 2008, pp. 627–634.

③ [美]史蒂芬·布雷耶:《打破恶性循环:政府如何有效规制风险》,宋华琳译,法律出版社2009年版,第52—70页。

④ [美]戴维·莫斯:《别无他法——作为终极管理者的政府》,何平译,人民出版社2014年版,第360—389页。

⑤ 刘秦民:《反思与超越:贝克风险社会思想探究》,《广东社会科学》2012年第5期。

整体的价值虚无，传统调适社会多元主体间管理关系的组织、道德、契约、伦理等制度约束脆弱化，个体权利与公共权利关系失衡。[①] 贾英健从马克思主义自由论视角解释了个体化如何引致公共安全风险，认为绝对的个体化忽视了自由的责任问题，自由的无限制扩张及责任的归属不明极易带来不可预知的风险，风险社会在自由论意义上就是忽略了责任的约束机制。[②] 丛玉飞等将个体化及其风险致因的机理解释为资本生产逻辑，认为当代社会发展中出现的各种风险，虽然表面上看似是人与技术、以技术为中介的人与自然的冲突，实际上隐藏在冲突背后的是资本关系肆无忌惮的膨胀，资本的主体化以及资本逻辑对社会生活的全面宰制，使得个体化风险演变为公共安全风险。[③] 钱亚梅称之为"资本逻辑驱动的风险社会"[④]，在资本逻辑的扩张之下，消费主义和过度的工具理性不断形塑着现代社会走向风险社会。

第二个视角，运用"社会风险地位"概念来解释。杨亮才认为，风险社会中财富分配与风险分配相互再造，使得不同主体处在不同的社会风险地位上，拥有较多财富的主体即拥有更好的风险地位，相反大量贫困阶层则是高风险主体。[⑤] 郑杭生等认为，主体间社会风险地位的变动存在风险"马太效应"，指那些占有财富越多的人，有更强的能力规避风险，同时可以借助风险获取更多财富；相反，占有财富越少的群体不仅较难规避风险，而且其财富份额还将继续减少，以至遭受双重打击。[⑥] 社会风险地位的不平衡会导致主体间合作的分离。

---

[①] 陈忠：《城市现代性的风险逻辑及其伦理调适——基于城市哲学与城市批判史的研究视角》，《社会科学战线》2014年第6期。

[②] 贾英健：《自由、风险与责任——自由的风险生成及超越》，《山东社会科学》2011年第8期。

[③] 丛玉飞等：《从物质归因到结构归因——城市风险研究范式的一种路径分析》，《前沿》2012年第5期。

[④] 钱亚梅：《风险社会的责任分配初探》，复旦大学出版社2014年版，第144—147页。

[⑤] 杨亮才：《风险与财富：关于风险社会的哲学反思》，《山东社会科学》2014年第3期。

[⑥] 郑杭生等：《中国转型期的社会安全隐患与对策》，《中国人民公安大学学报》2004年第2期。

张广利等认为，缺乏协调的、各自为政的风险管理方式有可能增加风险放大的可能性和危害性。① 人们各自退守到自己的安全空间中去，从而造成公共空间的退化，出现"个人安全的丰裕"与"公共安全的穷困"并存的现象。社会风险地位的不平等还会引致管理关系调整的失当。程启军认为，在社会上层和弱阶层之间存在自上而下的强制性风险转移关系，并且有可能出现层层转嫁的情形，最后的结果是，数量大、种类多、复杂交错的各种风险转嫁到为数众多的、缺乏抵御能力的弱势群体身上，风险爆发的概率大幅增加，从而外溢为公共安全风险。②

第三个视角，从政府视角分析主体间公共安全管理关系的适应性问题。主要运用"全能政府"概念，并具体结合有限理性、内卷化理论以及公共选择理论等解析致因规律。风险社会中，全能政府的出现会成为一种新的可能。李建超认为，风险社会中政府权力与责任呈现反向发展趋势，如果失去制约就会出现政府失败的风险，而政府要避免这一困境，极权化将是一种可能的选择。③ 钱亚梅认为，与全能政府拥有的无限权力相对应，责任在形态上理应是无限责任，然而不管从何种视角看，政府履行的责任能力总是有限的。④ 楚德江认为，政府承担着管理社会风险的基本责任，但政府行为也在产生新风险，其缘由不仅在于风险本身具有复杂性，更在于政府风险知识和风险能力的有限性。⑤ 在公共安全管理过程中，全能政府仍面对风险信息不对称问题，若仅依据自身所获得的极为有限的信息和知识采取行动，就

---

① 张广利等：《论现代风险的扩张与分配及其对风险治理的启示》，《晋阳学刊》2014年第6期。
② 程启军：《风险社会中的基层：涉及面、应对力与分担机制》，《学习与实践》2007年第10期。
③ 李建超：《浅析"财富分配"与"风险分配"中的政府风险》，《华北水利水电学院学报》2008年第2期。
④ 钱亚梅：《风险社会的责任分配初探》，复旦大学出版社2014年版，第41—43页。
⑤ 楚德江：《风险社会的治理困境与政府选择》，《华中科技大学学报》2010年第4期。

可能带来巨大的灾难。贺新宇认为，政府管理存在风险成本，全能政府会使风险成本缺乏约束而不断膨胀。① 陶建钟认为，作为现代社会公共治理体制核心的政府，其自身最大的风险在于以官僚体系的封闭性排斥社会治理结构的合理分权，从而在根本上忽视了制度创制能力与治理能力的有效提升。② "内卷化"即指政府在管理关系调整中将自身组织结构和特征在社会主体中进行新的复制、强化，致力于控制而非服务于治理公共安全。冯周卓等通过对政府公共安全管理政策文本的大量统计分析，发现政策工具中管制型工具最多，自愿性工具使用极少，政策主题与社会发展缺乏同步性。③ 吴月、黄丽萍研究了政府管理内卷化带来的负面影响，认为应通过提升政府多元危机治理主体培育能力来消除内卷化。④ 金太军分析了政府官僚体制在应对公共安全中存在着"有组织的不负责任"问题。⑤ 滕五晓研究发现政府自上而下的层级式安全管理存在效能衰减现象，全能政府在管理内卷化过程中会把组织内的缺陷复制到管理关系中去，将会放大公共安全风险。⑥ 公共选择理论用来揭示政府自利现象，全能政府即为"政府本位"，在管理关系调整中将会按照有利于自身而非有利于公共安全的方向。彭姝列举了三类：政府经济发展偏好与风险忽略、秩序稳定偏好与风险排拒、地方政府自主性的机会主义与风险脱敏。⑦ 金太军研究发现，公共安全管理实践中政府内部真实存在着"上有政策、下有

---

① 贺新宇：《政府在公共事务领域风险成本研究初探》，《浙江万里学院学报》2005 年第 4 期。
② 陶建钟：《风险社会的秩序困境及其制度逻辑》，《江海学刊》2014 年第 2 期。
③ 冯周卓等：《遵循良法善治原则的城市公共安全政策与改进建议》，《城市管理》2016 年第 3 期。
④ 吴月：《社会服务内卷化及其发生逻辑：一项经验研究》，《江汉论坛》2015 年第 6 期；黄丽萍：《我国社会治理中的"内卷化"风险及其规避之道》，《理论导刊》2015 年第 7 期。
⑤ 金太军：《政府公共危机管理失灵：内在机理与消减路径—基于风险社会视域》，《学术月刊》2011 年第 9 期。
⑥ 滕五晓：《层级式安全管理的效能衰减及其治理策略》，《社会科学》2012 年第 4 期。
⑦ 彭姝：《"风险治理悖论"下的国家自主性审视》，《岭南学刊》2016 年第 4 期。

对策""零和博弈""搭便车"等现象。① 钱亚梅认为全能政府下，行政管理者会把本应由自身承担的公共安全责任推给社会。② 邵薪运认为，治理失败国家中普遍存在严重的政府自利行为。③ 除此外，有学者还注意到政府调整主体间公共安全管理关系的有限选择范围。陶鹏运用社会网络分析方法探讨了中国政府灾害管理体制结构与功能关系，发现以事件响应为主的体制功能仍占据核心地位，风险治理并未真正成为灾害管理体制设计的前提要件，管理关系模式与公共安全在适应性上存在现实脱节问题。④

第四个视角，从政府—社会关系视角分析公共安全管理关系的适应性问题。主要关注政府—社会关系的失灵现象及其引致的公共安全风险，有政府失灵、社会失灵以及治理失灵。郑杭生等认为，随着社会的变化，公共安全风险的性质也在发生变化，很多风险并不是外在于现代国家并可以经由国家采取一些手段进行控制的，很多时候国家控制风险的逻辑本身就导致了巨大的风险。⑤ 王一星认为，政府为超出其控制的部分负责会加剧政治结构的缺陷和挫败。⑥ 杨雪东等认为，国家中心的治理失效有三种主要表现形式：结构性失效、制度性失效以及政策性失效。⑦ 结构性失效，一方面表现为国家治理能力的弱化，无法承担起提供稳定社会秩序和公共安全的功能；另一方面国家与市场、社会的关系不平衡，挤占了后两者可作用的领域和功能，从而诱

---

① 金太军：《政府公共危机管理失灵：内在机理与消减路径——基于风险社会视域》，《学术月刊》2011年第9期。
② 钱亚梅：《风险社会的责任分配初探》，复旦大学出版社2014年版，第42页。
③ 邵薪运：《善治式政府责任研究》，博士学位论文，吉林大学，2012年。
④ 陶鹏：《从结构变革到功能再造：政府灾害管理体制变迁的网络分析》，《中国行政管理》2016年第1期。
⑤ 郑杭生等：《中国转型期的社会安全隐患与对策》，《中国人民公安大学学报》2004年第2期。
⑥ 王一星：《风险社会视野下的政府官员问责制再造》，《桂海论丛》2014年第3期。
⑦ 杨雪东等：《关于构建更加安全和谐的社会的对话》，《当代世界与社会主义》2005年第1期。

发市场和社会失效。结构性失效是整体性的，影响通常涉及社会的整体安全。制度性失效，有三种表现形式：制度真空、制度未充分运行以及制度的不适应。制度性失效不同于结构性失效，其影响通常只涉及某一局部或群体的安全。政策性失效最为常见，也是最具体的，政策的失效会削弱公共安全，但不会直接导致社会不稳定。张海波等认为，当前中国公共安全管理关系具有"彗星"结构与"彗尾"效应，应急管理超前发展与公共危机治理和社会风险治理发展滞后，政府应急管理发展超前与私人部门和社会组织在应急管理中参与的有限性，这一局面发展到一定程度时，应急管理本身的成效可能出现"自我抵消"，从而引发结构性失效。[1] 社会失灵指社会在风险分配中引起的不公平问题。龚文娟认为，市场化条件下社会经济地位正在形塑风险地位，公共安全风险应经济地位不同遵循着明显的不公平逻辑。[2] 钱亚梅认为，在激烈的社会竞争中，那些接近资本、权力或者受过良好教育的强势群体有可能得到更多的安全保障，而一般社会群体不仅拥有较少的经济机会，且面临被边缘化的危险，最终不得不承受更大的公共安全风险。[3] 姚伟从社会结构分析入手，认为公共安全分异已经形成了不合理的风险阶层结构，高风险阶层的比例大大超过了低风险阶层。[4] 田凯等关注了治理失灵带来的问题，认为治理过程中政府与市场、社会分享权力等资源，容易出现政府被其他行动者俘获的问题；另外，治理增加了多层委托—代理关系，难以确定谁是委托方、谁是代理者，一旦出现安全风险，没有明确的行动者对后果承担责任。[5] 彭姝认为风险社会中，治理存在真空现象，政府也是模糊的风险治理主体，而且由于公共安全风险外在归因的不可能性，会出现"有组织

---

[1] 张海波等：《中国应急管理结构变化及其理论概化》，《中国社会科学》2015年第3期。
[2] 龚文娟：《环境风险在人群中的社会空间分配》，《厦门大学学报》2014年第3期。
[3] 钱亚梅：《风险社会的责任分配初探》，复旦大学出版社2014年版，第39页。
[4] 姚伟：《论社会风险不公平》，《长白学刊》2011年第3期。
[5] 田凯等：《国外治理理论研究：进程与争鸣》，《政治学研究》2015年第6期。

的不负责任"或"组织性无政府",在事实上陷入"无人规则"的困境。①

归纳起来看,公共安全管理关系的适应性问题既表现在对风险变化的适应上,也表现在由主体特点引致的不适应,还表现为主体之间职能配置的适当问题。实际上我们可以理解认为,公共安全管理关系迭代的推动机制有上述这三种。进一步讲,为了寻求新的适应性,以使公共安全管理关系模式匹配公共安全形势现状,公共安全管理关系需要面向风险、主体及其职能配置三个方向进行不断迭代。按照前面的论述,由于公共安全管理关系存在内部生成和外部复合两个顺序环节,其动态迭代表现为内部迭代和外部迭代,并且外部不同主体之间管理行为或活动配置关系的迭代是通过内部公共安全管理关系生成要素的迭代实现的。

综合上述三部分的论述,本书认为公共安全管理关系的基本演化过程由三个环节组成:公共安全管理关系生成环节、公共安全管理关系复合环节、公共安全管理关系迭代环节。其中,生成环节是一种内部性过程,复合环节是一种外部性过程,迭代环节是包括内部迭代和外部迭代的动态过程。

## 第三节 风险所有权演化模型

### 一 三个维度的演化

风险所有权具有特定的要素结构,其是由所有者、风险以及所有权三个基本要素构成的三角结构。三种所有权关系的定义分别是从三个要素出发定义的,风险所有权下存在三种基本的所有权关系,即从所有者出发的责任性管理关系、从风险出发的责任性管理关系、从所

---

① 彭姝:《"风险治理悖论"下的国家自主性审视》,《岭南学刊》2016年第4期。

有权出发的权利性管理关系。因此，风险所有权演化在三个不同维度上进行，可区分为风险维度、所有者维度以及所有权维度。

### 二 三个阶段的演化

根据上述对公共安全管理关系演化过程分析，风险所有权的整体演化也划分为三个基本阶段：风险所有权的生成阶段，风险所有权的复合阶段、风险所有权的迭代阶段。同时，生成阶段是一种内部性过程，复合阶段是一种外部性过程，迭代阶段是由内部迭代和外部迭代共同组成的动态过程。

### 三 基本演化模型

根据上述分析，同一维度在不同阶段上的演化特点不同，不同维度在同一阶段上的演化特点也存在区别。可知，风险所有权演化存在"风险—所有者—所有权"三个维度、"生成—复合—迭代"三个阶段上分别进行演化的基本特点，由此构成了风险所有权演化的基本模型（图4-1），其中横向是风险所有权在三个阶段上的演化，纵向是

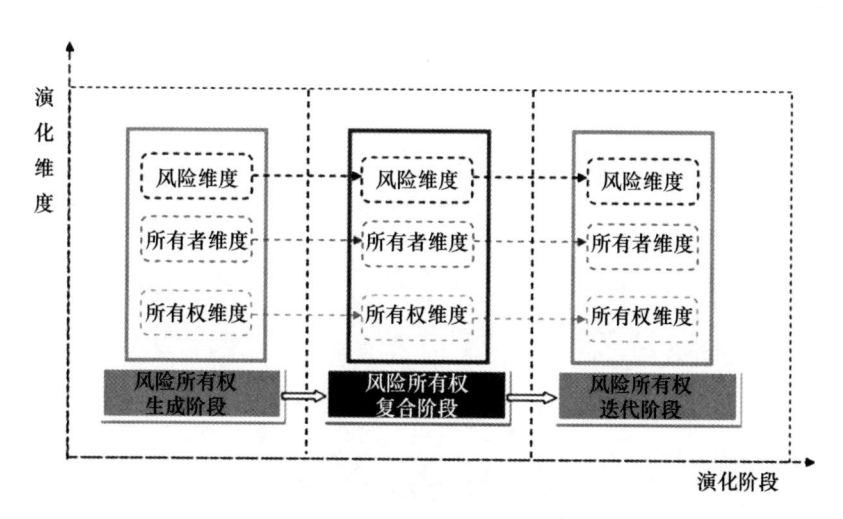

图4-1 风险所有权演化模型

风险所有权在三个维度上的演化。

## 小　结

本章有两个主要内容：一是分析了风险所有权和公共安全管理关系的关联性，研究认为风险所有权是用来描述公共安全管理关系的一个理论概念，其由所有者、风险以及所有权三个基本要素构成；从不同要素出发，风险所有权表现出不同的所有权关系。风险所有权概念之下，存在三种基本的所有权关系，即从所有者出发的责任性管理关系，从风险出发的责任性管理关系，从所有权出发的权利性管理关系。二是在分析公共安全管理关系演化过程基础上，从"风险—所有者—所有权"三个演化维度、"生成—复合—迭代"三个演化阶段构建了风险所有权演化的基本模型，该模型为下文分析风险所有权治理机理提供了依据。

第五章

# 风险所有权治理机理分析

本章在第四章基础上,运用风险所有权演化模型搭建公共安全治理机理的基本分析结构。首先,从"风险—所有者—所有权"三个维度、"生成—复合—迭代"三个阶段论述风险所有权的演化机理;其次,分析公共安全治理的基本特征,指出其由内部特征、外部特征和动态特征构成,公共安全治理的内部特征包括反思性、合法性、法治性、透明性四个方面,外部特征包括责任性和回应性两个方面,动态特征表现为对公共安全系统的适应性;最后,基于风险所有权演化机理分析公共安全治理机理,指出公共安全治理存在内部机理、外部机理和互动机理三种基本机理。

## 第一节 风险所有权的演化

### 一 生成阶段

风险所有权生成阶段的演化具体有风险、所有者以及所有权三个基本维度,下面详述之。

(一)风险维度

从风险维度分析看,其假定风险存在人为风险和自然风险的区别,风险的影响有损益之分,不同所有者之间在风险能力上存在差异,所有者均是经济理性的。因此,在这一情况下,经由风险生产、分配、交换和消费生成的风险所有权存在对立和冲突,没有可确认的部分。这样,风险要素定义域下所有权关系就具有冲突特征,冲突的结果会促使风险马太效应显性化。马光选通过建构"风险人"和"风险权势"的概念分析所有权关系的冲突现象。[①] 根据风险人对风险强弱程度的感知,公共安全呈现"生存性风险—疾病风险—死亡风险"的风险层次序列。现实环境中,由于不同风险人在风险认知和行为能力上存在差异,其所感知和承担的风险层次也就不同,会出现风险强势群体和风险弱势群体的极化现象,表现为风险强势群体承担的风险层次高或排序靠后,而风险弱势群体承担的风险层次低或排序靠前,在总量上风险弱势群体就成了多层次的风险承担者,风险强势群体则承担了较少的风险层次。二者之间的冲突关系取决于风险权势,风险权势是风险人具有的风险施加和分配的能力,主要有三种风险权势:财富性风险权势、知识性风险权势和强制性风险权势。不管是风险强势群体还是风险弱势群体都具备一定的风险权势,其区别就在于掌握的风险权势的大小差异。风险强势一方为了保持自己在风险分配中的优势地位,利用风险权势制造和分配风险给风险弱势群体,而风险弱势群体也可以利用自己掌握的风险权势进行风险造势和风险分配,从而造成风险所有权冲突。

(二)*所有者维度*

从所有者维度分析看,其假定所有者存在政府、市场以及社会主体的区分,且各具有"理性人"特征,每一主体依据理性来设定自身的职能边界,经由风险生产、分配、交换和消费生成的风险所有权与各主体的职能机制相关,依据主体在关系结构中是否占据主导地位,所有权关系具有不同倾向特征,总体上表现出分异性。

---

[①] 马光选:《风险分配与制度正义》,博士学位论文,华中师范大学,2013年。

政府、市场和社会主体各有其运行机制。市场机制依据市场规则（如价格/成本、风险交易、保险等）来确认风险所有权，但是市场机制有其局限性，存在风险信息不对称、不能有效分配触及某类活动的风险责任、存在外部性、涉及伦理道德、会产生不公平等问题，需要社会和政府机制进行干预。社会机制依据社会规则（如风险沟通、道德约束、社会监督、主体自觉等）来确认风险所有权，并提供社会资源，但社会机制是一种弱分配机制，风险责任具有不确定性，从而要求政府机制的介入。政府机制依据行政规则（如法律法规、禁止、限制、惩罚、诉讼等）来确认风险所有权，并通过行政机制配置管理资源。政府机制虽是一种强分配机制，但完全的政府分配不可能实现，政府过度运用行政资源会造成社会的风险依赖，因此需要市场和社会机制协调。从实际情况来看，风险的生产、分配、交换、消费通常都涉及三种机制，这三种选择机制确认了所有者的主体类型，即政府、市场和社会三类主体。

依据上述何种运行机制在主体关系结构中占据主导地位，所有权关系表现为三种基本倾向。根据道格拉斯和维达夫斯基的研究，对应行政、市场和社会三种不同机制，存在三种不同的风险文化：等级主义风险文化、个体主义或竞争主义的风险文化、平等主义或派系主义风险文化。[①]（1）在等级主义风险文化占据主导的社会当中，等级制也即行政机制在主体关系结构中起决定性作用，一方面，在风险生产过程中视社会政治风险为最主要的公共安全议题；另一方面，风险分配、交换以及消费关系中倾向于将外部或外来的相关主体归咎为最终的风险主体。（2）在个体主义或竞争主义文化占主导的社会中，经济风险被视为最重要的公共安全风险，市场机制在主体关系结构中起决定性作用。由于强调竞争和淘汰、排斥外在干预，主体针对安全风险

---

① 转引自［英］斯科特·拉什《风险社会与风险文化》，王武龙译，《马克思主义与现实》2002年第4期。

寻求市场化解决方案,风险责任习惯被归咎于那些在市场竞争中处于不利风险地位而需要外部干预和支持的主体。(3) 在平等主义或派系主义风险文化中,其假定主体不再是追求个体效用最大化的风险主体,而具有了反思理性,追求一种价值和美好生活的政治,主体之间的社会相互作用不再是基于对他人未预料后果做出消极反应,而主要是积极承担自身造成的责任。因此,社会机制自然成为决定主体关系结构的核心因素。斯科特·拉什指出,过去被认为是个人的、私密的和主观的资源可经社会动员来满足公共需求。① 因此,从总体上看,所有者维度下的所有权关系具有分异性,使得该维度下的风险所有权的确认具有多重标准。

(三) 所有权维度

从所有权维度分析看,其假定所有者具有反思理性,普遍具有风险意识、拥有一定风险资源并有能力感知风险,要求赋予其风险定义权利以参与风险建构活动,开放风险信息以了解风险的全部本质和特点,在行动上既注意通过反思和限制自身行为来减少风险产生,又善于通过反思性合作共同应对公共安全风险。经由风险生产、分配、交换和消费生成的风险所有权具体表现为风险的占有权、使用权、处置权和收益权四项基本权能,所有权关系属于权利性管理关系。

风险社会理论强调所有者具有反思理性,要求赋予其风险定义权利以参与风险建构活动,开放风险信息以了解风险的全部本质和特点,进而可通过借助个体化资源积极分担风险责任。在公共安全管理实践中,所有者在风险管理过程中拥有实质性的风险权利内容,能凭借自身所掌握的特定风险知识和清楚表达风险信息的能力,在风险分析评估中发挥建设性作用,并乐于付出自身拥有的资源承担可接受水

---

① [英] 斯科特·拉什:《风险社会与风险文化》,王武龙译,《马克思主义与现实》2002 年第 4 期。

平的风险管理任务，通过以个体化责任的方式、公共风险共同体方式或者政治参与等多种形式分担风险责任。进一步讲，基于反思性的所有者之间的权利关系具有制度化的特征，能够对风险建构中的不确定性、复杂性、偶然性和混乱性的散漫建构施加约束和协调，限制所有者之间的风险转嫁和权利侵犯行为，使得每一所有者以其最佳效率水平分担可接受水平的风险，从而最大化地实现公共安全保障。在此条件下，风险所有权是一种积极意义上的权利，一种合作性因而是公共性的权利。

## 二 复合阶段

风险所有权复合阶段的演化具体有风险维度与领域复合、所有者维度与多阶复合以及所有权维度与双层复合三个基本维度，下面详述之。

### （一）风险维度与领域复合

#### 1. 条件假定

从风险维度来分析风险所有权的复合，其基本假定如下：

第一，假定风险所有者在主体类型上没有政府、市场和社会之间的区分，或者所有者对主体类型的识别还处在"无知之幕"下，所有者之间仅在能力大小上存在差异；同时，也假定所有者几乎没有风险所有权权利意识或者仅有极少数所有者具备。这两项假定设置的直接意义，在于确证影响所有者所有权关系的唯一来源即是风险因素。

第二，假定风险存在人为风险和外在风险的类型区别。外在风险指来自外部的、因为传统或者自然的不变性和固定性所带来的风险，是自然界孕灾系统独立运行的结果，无相应的责任主体，需要处理的主要是风险后果，如各种自然灾害。露丝·利维塔斯认为，对外在风险的适应性表现为个人和集体直接责任的退出，危机控制和损失分担成为共同的责任内容。①人造风险指在系统生成意义上来源于制度的风险，是内部社会孕灾系统运动的结果，有直接的责任主体，需要追究原因并消除制造源，如各种生产安全事故。因此，基于风险类型的风险所有权复合有两种基本依据：风险制造和损益一致。这是前设性依据。

第三，假定风险存在形态上的变化。从其演化看，表现为"风险—突发事件—危机"之间的变化，且不同风险形态对所有者的反应要求不同。风险所有权复合表现为基于事前事中控制能力和事后损失后果分担能力分配公共安全管理活动。由于突发事件/危机都是从风险演变而来，对其控制能力的大小根本上也来源于所有者对风险的控制情况。因此，基于风险形态的风险所有权复合有另外两种基本依据：风险控制能力与损失分担能力。这是常规性依据。

从上述三项假定条件来看，风险维度下风险所有权复合包含风险制造、损益一致、风险控制能力、损失分担能力四项基本依据，并根据所设定条件的特点区别出前设性和常规性两类，称之为风险所有权的领域复合。由于在生成阶段风险维度下的风险所有权冲突和对立特征，该维度下的风险所有权复合主要是在法学意义上进行讨论的。

2. 风险所有权的领域复合

风险领域是关于如何分配公共风险责任的理论概念，其根据一定的标准来判断损害发生在谁的风险领域之内，以此确定责任的分配。这里的领域是一个法学意义上的、有关公共安全管理责任的概念，而不是时空概念。风险所有权的领域复合有四项基本依据：

一是风险制造。特定的行为或活动与特定的风险相联系，当所有者以其行为制造一定的风险或者维持一定的风险状态时，若该风险的损害后果的可能性实现，所有者难辞其咎。这一划定标准的依据在于

---

① ［英］露丝·利维塔斯：《风险与乌托邦的话语》，张网成译，载［英］芭芭拉·亚当、［德］乌尔里希·贝克、［英］约斯特·房龙编著《风险社会及其超越：社会理论的关键议题》，赵延东、马缨等编译，北京出版社2005年版，第304页。

风险与其后果的因果关系,即法学上的"引起原则"。因而对所有者赋责,可促使其回溯"行为—风险"的因果条件,改进风险行为以预防和减少风险的产生,从而保障公共安全。

二是损益一致。损益一致又称为报偿原则,指所有者从风险活动中获取了利益,即应当对风险给他人带来的损害承担相关责任。每个人都应当承担其所得利益的风险成本,风险损害成为获取利益所不得不支付的成本。因此,风险与利益具有一体化关系,原则上只要所有者从风险中实现了一定的经济或别的利益,就必须承担相应的安全管理责任。反过来讲,损益一致通过对收益的影响来改变所有者的风险行为。应将风险责任分配给最适合对风险因子进行反馈并以此降低该风险发生时产生影响的一方,这表现为:当某一方能够因为直接影响该风险因子,从而拥有获得相应的利益的机会,或影响该风险因子失败会使其利益受到损失时,它即是最有激励去影响该风险因子的一方。另外,相比较风险制造原则,损益一致具有宽泛的适用性,在某些情况下较难通过识别风险制造者来分配责任时,可以借助损益一致原则来进行回溯性确证。

三是风险控制能力。现代文明风险虽然本质上具有无法完全被控制的特征,但总是具有一定程度的控制可能性,这一可能性即来源于风险控制能力。相对于风险承受人或受害人而言,从事风险活动或者占有、使用危险物的行为人对这些活动和物品的性质和危险具有更为清楚、全面的认识,也最具有能力和技术水平防止或控制风险的发生。在不存在损益一致刺激的条件下,应将风险分配给相对有能力预测该风险或相应地调整行为活动来减少该风险发生的一方。将风险控制能力用于确定风险领域有助于引导可控制风险的所有者尽可能地控制风险,降低风险发生的可能性,减轻损害或避免公共损害的产生。

四是损失分担能力。损失分担能力是划定风险领域的另一依据,划定过程中既要依据所有者分担损失能力的大小,同时考虑损失分担的方向，以在能力接近的所有者之间选择合适的一方。损失分散需要一定的连接点，处于连接点上的风险所有者就会成为损失在法律上的承担者，不过该所有者继而可通过一定途径将损失进一步分散出去，其中保险是分散损失的基本途径。在风险责任中，保险是最基础的考虑，保险有研细损失的效果。不同保险险种的存在，提供了分散相应风险的条件。不过，在保险能力接近的风险当事人之间，存在选择谁进行投保更为合适的问题，即损失分担的方向如何确定。一般而言，如企业等特定的风险当事人由于其风险管理的行业化、类型化、专业化等，多被认为有义务通过投保预防风险，通过保险机制和价格机制、也即通过成本外化和成本内化的各种方式达到风险防范和损失分散的目的。

综合以上对四项依据的分析来看，风险所有权的领域复合提供的是一个有关公共安全风险责任分配的法律框架。基于前述假定条件，理论上认为这一框架由四个基本性要素构成，风险所有权由四个要素或其中的部分要素来划定，且要素之间存在特定的位序结构，称为风险所有权复合的领域结构（如图 5-1）。总体来看，风险维度下的风

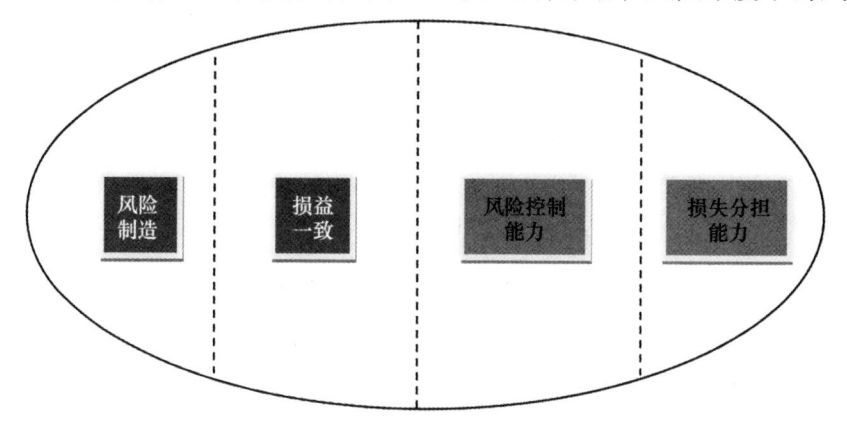

**图 5-1 风险维度下的风险所有权复合**

注：风险制造和损益一致为风险所有权复合的前设性依据，风险控制能力和损失分担能力为风险所有权复合的常规性依据。

险所有权复合表现为从风险出发的责任性管理关系。

（二）所有者维度与多阶复合

1. 条件假定

从所有者维度来分析风险所有权的复合，与前述风险维度的假定条件不同，其假定如下：

第一，假定所有者之间明确存在政府、市场、社会三类主体的区分，三种主体不仅在能力大小上存在差异，更重要的是，由于各自运行机制或协调机制的不同，而在能力的性质上存在鲜明区别，这一性质差异表现为主体的职能设定各有其边界。

第二，假定风险不存在明显的类型或形态上的分异，只是因为风险主体的职能性质差异而存在诸如系统性风险和非系统性风险等区别。

第三，假定主体所有权权利意识较为有限，仅是个体化的社会成员或单个的所有者具有一定的反思性。

由此，主要探讨基于主体职能的风险所有权复合。下文先从职能设定来探讨政府、市场、社会三类主体的职能性质差异。

（1）政府职能设定

政府职能是指仅由政府主体能够有效提供的、通常可明确区别于市场和社会的管理功能。从这一意义出发，政府职能设定一般主要基于以下四个要素的综合考量。具体而言：

第一是基于市场失灵，这是设定政府职能的外部考量。市场失灵指在具有特定属性的某些领域当中，市场的资源配置机制或分配机制不能再有效发挥作用，甚至会产生大量负面后果。造成市场失灵的原因有多种，一方面在于市场本身的特定属性，其由市场体系、市场机制和市场秩序构成，具有特定的适用性；另一方面，在于完全符合经济学所有假设条件的完美市场模式在实践中几乎不存在，偏离了理论上的运行条件，其预期效用也会发生偏转。在这一情境下，政府职能设定的考量在于对市场失灵的干预和对市场职能的补充完善,市场失灵的程度和范围决定了政府职能的程度和范围。赵宝廷等将提供人们使用的物品依据个人参与物品供给决策的角度分其为两个组成部分:一是硬品部分,即能够被人类感觉得到的物质形态或存在,它能够直接给人们带来一种或多种效用,其特征容易被认识;二是软品部分,指向物品供给与消费中的广义制度,其与人类利用客观物品紧密联系,如风俗、习惯、道德、文化、意识、规范、法律、组织与规则等制度性内容。[1] 从这一视角看,传统的市场失灵指市场在供给软品方面的失灵,因此,政府相应在该部分赋予自身职能并加以强化。德国经济法学者罗尔夫·斯特博将基于市场失灵视角的政府软品供给视为经济行政任务,包括一般任务和特殊任务,前者指政府提供宏观的社会基础环境,后者指其具体的经济计划、监督、指导和促进任务。[2] 这一意义反映在风险管理中,政府职能是面向市场机制不能有效提供安全的领域,职能内容包括宏观上公共安全管理的公共信息、公共防灾设施、公共安全制度供给等,具体则是有关安全的计划、监督、指导和促进等。

第二是基于政府失灵,这是设定政府职能的内部考量。政府失灵是公共选择理论对于政府的基本认识。认为因政府当中存有的官僚主义和机构烦冗,使得公共部门在提供公共产品时趋向于浪费和滥用资源,公共支出规模过大或效率降低,政府的活动或干预措施缺乏效率。结合公共品软品和硬品的理论概念,政府失灵主要源自两个方面,一是公共选择理论提出了政府在软品部分的供给失灵问题,并给出限制政府权力等改进建议;二是政府供给公共硬品的无效率或低效率,并给出政府减少硬品部分供给的建议。基于这一视角的政府职能

---

[1] 赵宝廷等:《公共品概念的扩展:软品与硬品的一种组合》,《求是学刊》2009 年第 3 期。

[2] [德] 罗尔夫·斯特博:《德国经济行政法》,苏颖霞等译,中国政法大学出版社 1999 年版,第 199—205 页。

设定，实质上是一种对政府职能在实践中试错的反思和改进，即政府失灵本身就是对政府职能的设定依据，存在政府失灵的领域都是政府职能应该收缩和调整的部分。

第三是基于成本收益，这是设定政府职能的第三位考量。成本收益方法是在政府失灵和市场失灵同时存在的情况下，政府职能设定的第三种参照考量。即现实中市场机制和政府机制都不能如理论上完美运行，就需要对不同机制的成本和收益进行分析。所以与前述两种考量相比，成本收益不具有宏观上的理论参照作用，仅是在具体实践中提供特定参照。另外需注意的是，由于政府与市场在成本构成和收益评估上存在不同，政府并不是以经济利益最大化为目标，因此其适用性也受到很大限制。

第四是基于社会因素，这是设定政府职能的公共考量。这一视角认为政府职能设定要考量社会系统中不同群体、不同文化、不同理念、不同传统等之间的共性和差异，职能状况取决于这些不同利益诉求。在很多情况下，政府职能其实就是诸多社会因素共同相互作用、相互之间最终妥协和平衡的产物。如从学理化视角讲，这些社会要素最终都体现为有关公共利益的表达，政府职能设定应以保障公共利益为边界，凡属于公共利益事务均应纳入政府职能范围。

（2）市场职能设定

市场职能是指仅由市场主体能够有效提供的、通常可明确区别于政府和社会的管理功能。因此在本质上讲，市场职能由市场体系、市场机制和市场秩序等具有市场属性的要素设定。其中市场机制是市场职能设定的核心要素，包括价格、供求关系以及竞争三个基本机制：价格机制的运行使得市场资源从非均衡配置趋向于均衡配置，供求机制调节供求总量在结构和数量上趋向平衡关系，竞争机制则在市场中具有使价格机制和供求关系充分运行、激活整体活力的作用。市场体系是市场机制存在和发挥作用的载体，市场秩序是市场机制的运行保障。从这一意义上讲，市场职能的边界主要视市场机制的运行而定：一方面，市场机制运行能产生正效应的范围均可归入市场职能之下，这里的正效应指市场机制的施用能产生有效率的结果或增进社会公共福利；反之，存在负效应的范围即被认为是非市场职能。当然，这里的正负效应不是一个绝对值，而是与其他机制如行政和社会机制比较的相对数值。另一方面，在一定时期或范围，由于市场体系和市场秩序的不完善，市场机制运行也受到制约，而随着市场机制适用的外部条件逐渐完备，原来属于非市场职能的部分开始转入市场边界之内。显然，无论市场职能的设定抑或是边界变动，其动力的本质来自于市场属性，这在根本上有别于行政和社会机制。

（3）社会职能设定

社会职能是指由社会组织能够有效提供的、通常可明确区别于政府和市场的管理功能。不同于政府和市场的功能机制，社会组织的功能发挥取决于社会协调机制及其运行条件，后者包括社会组织体系和社会价值秩序。因此可以说，社会职能经由社会协调机制、社会组织体系、社会价值秩序等具有社会属性的要素设定。具体而言：

一是从社会协调机制来看，由于社会组织直接来源于民间，又直接服务于民间，因此不同于行政机制通过严格的行政请求和行政命令或授权的方式表达管理需求和管理供给，也不同于市场机制必须通过价格和竞争进行交易以满足服务需求，社会机制面向公众、直接反映公众需求、直接提供公共服务，由此可使公共服务最大限度地覆盖公共风险所影响的全部公众，且使公共风险服务细腻化、人本化。从这一意义讲，社会职能可以有效补充政府和市场职能留下的缺口，减少政府和市场同时失灵带来的负面影响。

二是从社会组织体系看，社会组织多是开放式、多中心、网络式的志愿集体，表现为社会组织不以特定的制度或规则来建构组织体系，而是以工作流程或项目为中心组建合作体系，在层级设置上扁平化，重视组织授权和自主性，强调成员间的平等交流与网络协作。因此在面临公共安全风险时，往往比层级化的政府和注重交易安排的市场较快做出反应，具有较强的时效性。同时，由于社会组织体系的构建面向基层、扎根基层，可以实现与公众的零距离接触，因此在公共安全信息获取处理与公共沟通上具有优势。此外，由专业性较强的团体所形成的社会组织体系，较一般的社会组织而言，还具有特定的专业化优势。社会组织体系是社会机制运行的载体，良好的体系构建可使社会机制运行更为顺畅，从而强化社会职能。

三是从社会价值秩序来看，不同于政府以行政约束和市场以分配约束来设定组织职能，社会组织通常基于志愿精神、社会信任、公共价值参与公共安全管理，不断拓展自身职能，积极弥补政府和市场的空白。因此，基于这一运行条件，社会机制的协调功能凸显在两个领域，赋予社会组织以鲜明的社会职能：第一是协调社会资本，具有社会动员的特殊职能。在应对公共安全风险过程中，社会组织能够聚合社会资本，广泛动员社会力量，有效整合人力、物力、财力等各类风险资源，积极投身灾害管理。第二是传播公共价值，具有社会安全意识教育和普及的特殊职能。由于社会组织具有面向实践构建组织体系和激励成员发挥自主性，因此灾害教育一方面通过灾害应对实践来不断强化；另一方面安全教育注重参与式、体验式的知识传播方式。另外，由于社会组织扎根民间、数量众多，具有知识普及的优势。社会价值秩序是社会机制的运行保障，这种自我教育和社会普及的特点又进一步扩大了社会机制的适用性范围，从而可超越补充政府和市场职能缺口的角色，以更加积极地塑造社会风险职能。

2. 风险所有权的多阶复合

从上述有关政府、市场和社会职能的分析来看，在公共安全管理当中，不同主体的职能及其边界存在明显区别，这根本上源于主体的不同运行机制及其适应性。因此，基于主体职能的风险所有权复合就表现为公共安全治理活动中行政、市场、社会三类机制之间的任务协调问题。在实践中既存在两类机制之间的协调，又存在三类机制之间的协调，笔者称这一现象为风险所有权的多阶复合。相应的，第一种类型可称为初阶复合，第二种可称为高阶复合，后者是以前者为基础的再复合（如图5-2）。

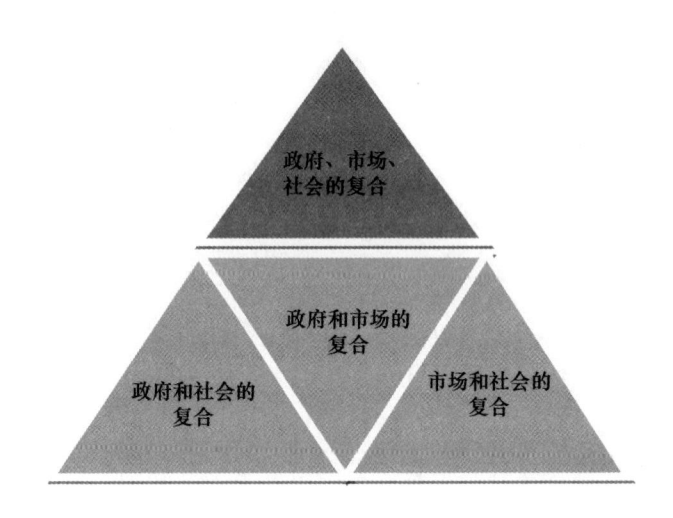

**图5-2 所有者维度下的风险所有权复合**

注：政府和市场的复合、政府和社会的复合、市场和社会的复合为风险所有权的初阶复合模式，政府、市场、社会的复合为风险所有权的高阶复合模式。

（1）初阶复合

1）政府和市场的风险所有权复合

从复合的一般顺序看，政府和市场的风险所有权复合既有分步性的复合，又有同步性的复合，前者表现出分离性、区别性、先后性关系特征，本质上是以责任为中心的复合，称为责任型复合；后者则表现为聚合性、联系性、互促性关系特征，本质上是以能力为中心的复合，称为能促型复合。具体而言：

政府和市场的责任型复合，强调政府和市场的责任与职能存在区别，在公共安全管理中区分谁是首要主体、谁是第二位的主体。强调政府为首要主体、市场仅是补充地位，这是责任性复合的"板块模式"；视市场为首要主体、政府在市场失效时才介入，这是责任性复合的"分层模式"。① 板块模式下，政府是公共安全管理的首要主体，政府运用行政机制对公共安全风险进行防范和应对，市场机制对此不发挥作用。市场只是政府管理的补充性手段，仅在政府划定的领域内活动，政府一般对此也不干涉。在这种模式下，政府与市场的关系是一种此消彼长、互相排斥的板块式复合。分层模式下，公共安全风险首先由市场主体进行管理，即第一层次的管理。只有当市场机制无力运行或者市场管理出现问题时，政府才介入干预，即进行第二层次的管理。这一模式的优点在于看重市场机制的基础性作用，优先发挥市场有效配置风险资源的功能。但缺陷在于，由于公共安全的特殊性，纯粹运用市场机制既无法实现全部风险资源的合理配置，也不可能完全符合社会公共目标和公共利益需求。同时，当市场风险功能出现问题时才引入政府干预，对已出现的损害无法恢复，加大了政府风险行政成本，也会使公众对政府的信任度下降，最终会引致公共安全整体管理体系的紊乱。

政府和市场的能促型复合，强调政府和市场的职能相互影响，存在互补性，两者都是公共安全管理的重要主体，应相互促进以不断提升各自的风险应对能力。由于对风险应对能力的认识不同，能促型复合有宏观和微观两个不同方面，称之为"互促模式"和"渗透模式"。② 互促模式下，风险能力主要是宏观上的应对能力，政府对公共安全进行顶层规划，创造有利的宏观环境以维护市场机制运行和市场风险职能的发挥；市场则反映公共安全的宏观需求，进行市场体系和

---

① 卫兴华主编：《市场功能与政府功能组合论》，经济科学出版社 1999 年版，第 295—298 页。
② 卫兴华主编：《市场功能与政府功能组合论》，经济科学出版社 1999 年版，第 295—299 页。

市场秩序的自我调节。渗透模式下，由于公共安全的具体类型不同，风险应对能力主要是微观上的应对能力，政府应借助市场中的价格、竞争、供求等机制就特定风险配置资源，实现风险管理职能，市场则要求政府在局部和细节上制定风险干预计划，监督、指导、促进自身的风险职能。

2）政府和社会的风险所有权复合

依据行政机制和社会机制之间的独立性程度差异和互动方向，可以将政府和社会的风险所有权复合分为两种：独立性程度差异较小且双向积极互动的称为自主协作模式；反之，独立性程度差异较大且主要表现出单向被动式互动特征的称为依附模式，在"强政府—弱社会"背景下则为行政吸纳模式。① 具体来看：

自主协作模式下，能力是风险所有权复合的中心，表现为政府注重持续性地向公益组织赋权以使其独立行使特定风险职能，双方通过共建制度来实现互动关系。一是从政府视角看，主张用法律法规的形式将政府与社会组织在公共安全管理中的风险职能、风险资源权利、风险沟通机制等加以明确规定，以避免职能交叉和冲突。二是从社会视角看，社会组织注重运用社会协调机制拓展风险职能，通过发挥专业化优势提供公共风险服务，补充政府管理缺口。一般而言，自主协作模式下社会组织参与公共安全管理的程度和效果都比较高。三是从互动关系看，政府和社会组织都注意设立正式的沟通协调机制，强调公共安全管理过程中风险信息的全面共享、风险资源的协调配置以及风险管理活动的协同进行。四是从协作效能看，自主协作模式具有能促效应：政府习惯于在制度化关系下采用政策支持、资金资助、税收优惠等方式激励社会组织积极行使特定风险职能，以补充政府管理的不足；另外，社会组织则通过制度化的政府赋权和资源禀赋持续拓展自身风险职能，增强对公共安全风险的适应性。

---

① 林闽刚等：《灾害救助中的政府与NGO互动模式研究》，《上海行政学院学报》2011年第9期。

相比较自主协作模式，行政吸纳模式下，主导与依赖是风险合作的最大特色，主要表现为行政机制的单边主导以及社会机制的全面依赖。风险所有权复合往往基于政府启动，通过非制度化的方式临时动员社会参与，社会组织则临时承担某项风险职能，复合结束后职能逐渐消失。另外，社会组织不善于主动运用社会机制来拓展自身风险职能，缺乏内生性和独立性，组织是否参与公共安全管理主要依赖于来自行政机制的主动引导和推动。

3）市场和社会的风险所有权复合

由于市场机制和社会机制运行的不可强制特性，使得市场和社会的风险所有权复合呈现一种对等特征，倾向市场机制方向复合到多大程度，亦倾向社会机制复合到多大程度，在两者之间提供了多种具体的复合模式，使得市场主体和社会组织存在选择多种复合的可能性。从实践来看，市场和社会的具体复合模式有对等的六种[1]：一是善因营销型，即企业与公益组织合作，将产品销售与灾害应对相结合，在为相关活动进行捐赠、赞助的同时，达到提高企业利润、改善企业社会形象的目的。二是企业慈善型，即市场主体将财物捐赠与社会组织使用，支持其日常运行和开展公共安全活动，可分为金钱捐助、实物捐助、服务捐助等。三是企业基金会型，即企业出资成立慈善基金会，专项资助防灾救灾在内的社会活动。四是许可证协议型，社会组织被准许使用企业资源，包括商标、企业品牌等无形资产，社会组织以此可以在更为稳定、具有社会公信力的资源保障下开展活动。五是共同主题推广型，社会组织与企业为推广某项共同防灾减灾活动而进行合作，既保障了企业的利益需求，也推进了社会组织对公共安全知识与理念的推广。六是联合经营型，社会组织与企业长期开展风险经营活动，充分发挥各自优势，弥补双方在开展防灾救灾活动中人力、

---

[1] 王化楠：《中国整合性巨灾风险管理研究》，博士学位论文，西南财经大学，2013年。

财力、物力以及理念、知识、价值等方面的局限，从而形成长效复合效应。

（2）高阶复合

高阶复合是基于初阶的再复合。综合上述有关政府与市场、政府与社会、市场与社会的风险所有权具体复合模式来看，较为明显地存在两种高阶复合类型：明确以责任为中心的风险所有权复合模式，如板块模式、分层模式；另一种则是明确以能力为中心的风险所有权复合模式，如互促模式、渗透模式、自主协作以及对等模式。此外，还存在介于两者之间的、不明确的风险所有权复合模式，如依附模式。依附模式处在责任型复合和能促型复合之间的过渡地带，具有双向移动的不稳定性。由此分析可知，当强调主体运行机制的独立属性、职能性质差异以及职能边界的限定时，风险主体的独立性回归到较高程度且彼此间缺乏互动，就呈现具有分离性特征的、以划定主体责任为中心的风险所有权复合模式，表现为从所有者出发的责任性管理关系；而当强调主体运行机制的独立属性、差异职能的互补以及职能边界的扩展时，就呈现具有联系性特征的、以提升主体能力为中心的风险所有权复合模式，表现为该种责任性管理关系的松动。总体上看，所有者维度下风险所有权的高阶复合存在一种对等的结构特征，即以责任和能促为双中心。

实践当中，风险所有权高阶复合的对等结构往往以责任或能力单中心来设定所有者之间的管理关系。在假定风险不存在明显的类型或形态上的分异、主体缺乏风险所有权权利意识且主体间存在显著职能差异的条件下，因风险的复杂性和关联性被忽略而使得公共安全风险情境较为简单时，依据职能划定风险所有权即可应对公共安全问题。由于责任型复合内置的分离性和区别性，这种实践中的公共安全管理关系也具有分离导向而非合作性。风险所有权高阶复合虽然也设定能促型复合，但以能促为中心的模式仍然受制于责任思维导向和风险整体性的混沌干扰，在风险能促上没有注意细化，能力较为笼统和混沌，限制了风险能力的全面发展。所有者维度下的风险所有权复合总体上表现为从所有者出发的责任性管理关系。

（三）所有权维度与双层复合

1. 条件假定

与风险维度和所有者维度的假定条件不同，从所有权维度来分析风险所有权的复合，其设定了风险社会这一公共安全管理的基本情境。与风险排斥社会不同，风险的不可根除性是风险社会情境的本质特征，即风险存在构成一种基本的社会运行状态。由于风险的人为制造的不确定性，风险存在更密切地影响到风险所有者及其社会关系。在这一管理情境下，又引申出多个具体的管理条件假定，具体而言：

第一是新的管理理性的假定。根据物质决定意识的根本规律，风险所有者普遍具有风险意识和认知思维，称之为反思理性。反思理性不同于其他理性假定，由于是对风险社会存在状态的意识反映，其从根本上具有社会属性，属于一种社会公共安全理性。在此理性指导下，所有者具有通过履行公共安全理性来实现个人安全的行为导向，即积极的风险合作的行为倾向，所有者要求赋予风险定义权利以参与风险建构活动，开放风险信息以了解风险的全部本质和特点，进而可通过借助个体化资源积极分担公共风险管理责任。

第二是新的管理权利的设定。从所有权内容看，风险管理活动、管理行为或管理过程体现为风险占有权、使用权、处置权、收益权等所有权权利，每一项权利下又有若干子权利。从权利关系看，因所有权权利具有公共权利的导向，风险所有权关系表现为公共安全权利导向和公共安全合作的权利性管理关系。大量实践表明，在特定的公共安全风险情境下，所有者存在权利让渡的现象，表现为风险信息占有权、使用权、处置权和收益权的共享。因此，在假定所有者具有反思理性的条件下，从所有权出发来配置风险管理活动，集中指向如何促进公共安全权利，表现出以能促为导向来处理所有者之间的风险所有权关系。

第三是对权利形态的设定。所有权权利因风险的不同形态而表现出不同的权利形态。根据风险演化规律，最基本的一般过程表现出"风险的孕育期—风险的爆发期—风险的衰减期"这一变化特征。因此，风险所有权权利也相应表现为"风险的预防权—风险的应对权—风险的恢复权"这一基本权利形态。同时，依据所有权权利在不同风险形态下的适应性，将其细分为通用性权利和专用性权利两种层次，前者指对三种风险形态均具有适用性，后者指仅对某一风险形态具有适用性。因此，基于所有权的复合就表现为一种"权利形态—权利层次"的双层复合模式。

第四是所有权维度关注的是所有权权利及其关系，因此未对风险的所有者进一步区分，如所有者存在政府、市场和社会主体的区分。其假定所有者都是以自然个体形式存在的，不存在主体分类。由此，可主要探讨基于所有者风险所有权权利的风险所有权复合。

2. 风险所有权的双层复合

（1）所有权权利形态

从权利形态看，根据前述分析，笔者认为最基本最一般的风险所有权权利形态模型由风险预防的权利形态、风险应对的权利形态、风险恢复的权利形态构成，简称为预防权、应对权、恢复权。在所有权权利基础上进一步区分权利形态，并将其作为风险所有权复合的中心，主要是基于以下四方面考虑：

第一是所有权权利形态的客观存在性。这是由风险形态和风险演化的现实逻辑决定的。从风险形态上看，总是存在"风险—突发事件/危机—风险"这样的形态变化；从风险演化过程看，总是存在风险"孕育期—爆发期—衰减期"这样的过程变化。

第二是不同所有权权利形态除存在通用性权利的部分外，如风险的信息占有权、风险使用权等；还存在仅适用于自身的专用性权利部分，如风险资源占有权和风险处置权，导致了风险收益上出现时序分布差异，表现为风险的预防收益、风险的应对收益、风险的恢复收益三种类型的区别。

第三是提出所有权权利的三种形态，重点是想突出和强调风险预防权的重要性和中心地位，从而提出以应急为中心的传统公共安全管理的转向和发展的议题。从公共安全管理的新近变化看，以风险为中心理解公共安全概念、面向风险预防阶段进行管理关系的后向一体化整合已经成为学术界和管理实践者的共识行动。风险取向的公共安全概念同管理的预防政策是一致的。风险社会理论认为，风险拥有并发展出一种与预防性行为的实践联系。风险意识的核心不在于现在，而在于未来。在风险社会中，过去失去了它决定现在的权力，其位置被未来取代。风险行为观提出以未来"预期变数"来组织现在的公共安全管理政策和行动，并对其变化始终保持预期。贝克比较了环境安全领域中风险预防权和风险应对与恢复权之间的收益差异。[①] 他认为传统的环境安全政策是在生产过程的结尾而不是开端开始的，采用"管末治理"（end-of-the-pipe）来对环境破坏进行事后清理和恢复。这种抨击征兆、关心事后的政策行动最后既不能满足生态的标准也不能满足经济的标准：在生态上，它总是落后于破坏环境的先行生产过程；在经济上，问题来自于不断增长的清理费用与不断下降的生态上的获益的对比。现在几乎所有的环境安全领域，清理费用的增加与清理水平的上升是不成比例的。从整体的经济视角来看，这意味着随着经济的持续增长，经济资源的一个不断增加的部分必须转而去保证一种指定水平的排放量，这样的资源就不再是为消费的目的所用了，这里存

---

① ［德］乌尔里希·贝克：《风险社会》，何博闻译，译林出版社2004年版，第84—85页。

在着一种反生产力的工业体系的整体发展的危险。

第四是在所有权权利上区分权利形态具有可通性。风险所有权权利形态的提出，关键意义在于其可操作性和可实现性。贝克认为，公共安全管理面临执行主体缺位的问题，他指出风险在增长，但它们在政治上没有被改造为预防性的管理政策，甚至哪种政治体系或模式能够承担这项任务还是不明确的，它更多的仍旧是一个理念而不是现实，由此意味着一个制度化的政治能力的真空出现了。[①] 事实上，有关风险如何在政治上被处理的问题的开放性与不断增长的行动和制定政策的需要形成鲜明对比。本书基于所有权权利进行权利形态的划分，由于预先明确了所有权权利的具体内容，为风险预防权、应对权和恢复权的执行设定了可实现的基础。

（2）所有权权利层次

风险所有权权利由风险的占有、使用、处置、收益等具体权利构成，每一项权利下又有若干子权利。根据对不同风险形态的适应性，一项所有权权利可划分为适用于全部风险形态的通用性权利和仅适用某一风险形态的专用性权利两种权利层次。具体来看：

一是风险占有权，风险占有权即对风险的实质性控制权利，具体有两部分：第一，指实质性占有风险信息的权利。实质性的占有权意味着风险定义权向全部社会主体的实质性开放，并发展成为一项新的公共权利，风险信息成为公共信息。风险信息占有权是一项基础性、通用性权利，对于风险的各种形态都具有适用性。第二，指风险资源的实质性占有权利。风险资源占有权是一项专用性权利，即在特定风险形态下有必要划分出相适应的风险资源占有权的若干子权利。实践中表现为在不同的公共安全管理阶段，需要的资

---

① 阿兰·斯科特：《风险社会还是焦虑社会？有关风险、意识与共同体的两种观点》，赵延东译，载［英］芭芭拉·亚当、［德］乌尔里希·贝克、［英］约斯特·房龙编著《风险社会及其超越：社会理论的关键议题》，赵延东、马缨等编译，北京出版社2005年版，第54—55页。

源也不同，要求不同的所有者参与相应的管理阶段，这是风险资源占有权的专用性。

二是风险使用权。即在不产生额外负外部性的条件下，风险主体通过行使风险占有权，依据风险属性、可管理性特征以及可用于配置的风险资源等选择适宜的管理策略以实现对公共安全合理和有效管理的权利。风险使用权体现为主体关于风险信息及其风险资源的计划或决策权利，实质为风险主体对风险占有权高效行使的结果。在风险占有权关系中，风险信息占有权具有公共权利和通用权利的属性，由于风险使用权是以公共安全风险信息为中心的计划决策权利，因此这种计划或决策权利也属于公共权利和通用权利的范畴，即指公共安全管理的计划决策权利向全部风险主体开放，不仅是风险管理阶段，在风险的其他形态中同样适用。风险使用权即风险的计划权利是一项公共权利，具有通用权利的属性。

三是风险处置权。风险所有权关系下的处置权是指主体依据风险占有权、使用权、收益权对公共安全进行管理的权利，其权利内容指向具体的管理职能、管理活动和管理行为，由此可划分出处置权的多个子权利。处置权是主体风险占有权、使用权和收益权存在的实质性标志，也是拥有这些权利的真正价值所在，是风险所有权的核心权利。由于风险主体的公共安全管理行为不止一处，处置权也由多个不同的权利内容构成。因此，处置权是一项明显的专用性权利。实践中表现为随着风险形态的演化，如次生、衍生、耦合、变异等，风险形态具有不同的传导强度，就要求启动不同的响应，实施不同的管理活动。

四是风险收益权。风险收益权是风险使用权行使的结果，即风险管理计划执行的结果。风险收益权有多个权利内容，对于各个风险主体而言，既存在共同的风险收益，又因各主体适用的协调机制和资源获取机制不同，各有其风险所有权收益。其一是，不同风险主体运行机制及其资源配置机制不同而获得不同的风险所有权收益，按照主体类型可分为政府的风险所有权收益、市场/企业的风险所有权收益、社会的风险所有权收益；其二是，因不同资源在风险形态中的适用性不同而存在风险的预防收益、风险的应对收益、风险的恢复收益三种类型的区别，这影响了公共安全收益的时序分布状态。所以，对于风险形态而言，风险收益权就主要体现为一项专用性权利。

（3）风险所有权的双层复合

根据上述对所有权权利形态和权利层次的分析，所有权维度下的风险所有权复合体现为一种双层模式（如图5-3所示）。双层复合以风险的预防权、应对权、恢复权为复合中心，以通用性权利和专用性权利为两个复合层次。复合过程表现为对资源占有权A、B、C，处置权A、B、C，收益权A、B、C，风险信息占有权（公共信息权利），风险使用权（风险计划权利）等权利的赋予和能促，使其适应风险预防、应对和恢复不同阶段的需要。事实上，所有权维度下的风险所有权生成过程中所有者的反思性和责任意识都建立起来，每一个所有者都关注风险所有权权利的维护、合作以及公共安全的实现，因此全社会就会对风险变化和所有者的风险权利提高给予高度关注，并将之作为公共安全管理的导向。由此，所有权维度下的风险所有权复合是一种强调权利与合作的、务实的、与客观实践紧密互动的、适应性的配置关系，其表现为从所有权出发的权利性的管理关系。不过，风险所有权双层复合的一个缺陷在于，其面对的所有者是碎片化的，还没有明确聚类到政府、市场、社会这样的主体层次类型，因此对何以通过行政、市场、社会机制获取资源、进行配置还不敏感，这就要在所有权的迭代中建构起政府的、市场的、社会的风险所有权，集中表现为政府的风险行政、市场的风险交易、社会的风险服务。

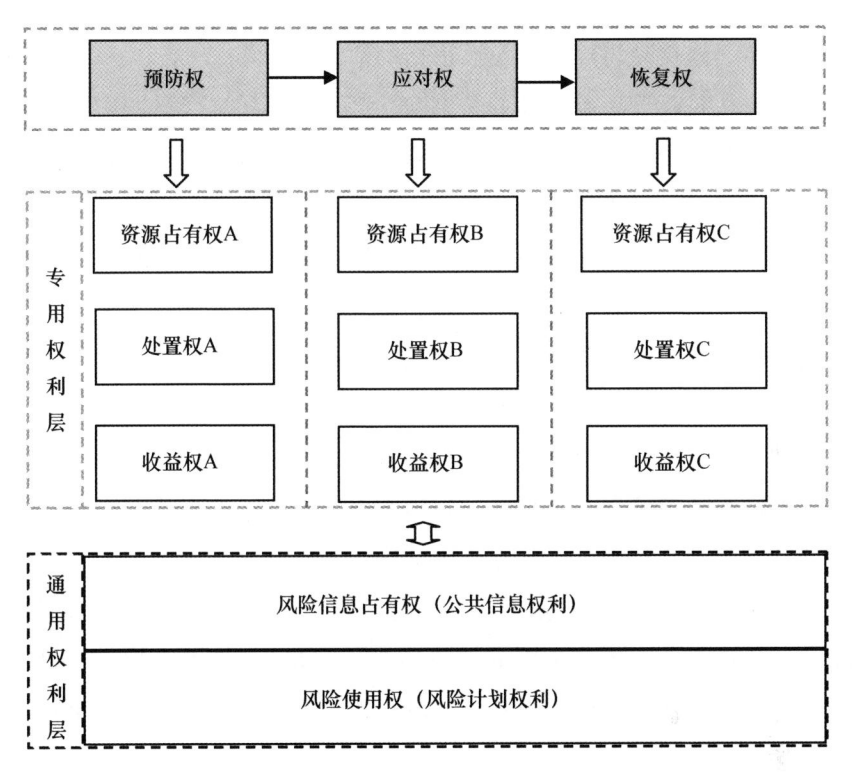

**图 5-3 所有权维度下的风险所有权复合**

### 三 迭代阶段

风险所有权迭代阶段的演化有风险、所有者以及所有权三个基本维度,同时其动态迭代由内部迭代和外部迭代两部分构成,因此该阶段的论述既分析风险所有权生成的三要素的变化迭代,又分析基于要素变化的不同维度风险所有权复合模式的变化迭代。

(一) 风险维度变化与领域复合迭代

1. 风险要素的变化

根据实践当中风险的致因和后果变化,风险要素的动态变化主要表现在两个方面:

一是从风险致因方面看,随着公共安全复杂性的增加,外在风险和人造风险不断混同，二者之间可区分性难度加大，即责任的辨识变得很困难，这就使得原来前设性依据的适用性下降。

二是从风险后果看，随着公共安全后果影响的广泛性和严重性，基于风险控制能力与损失分担能力依据的适用性开始提升，意味着公共安全管理活动越来越倾向于以能力作为风险分配和应对的中心。另外，在特定的公共安全环境中，由于风险的不确定性及其影响后果巨大，由此导致所有者之间的能力差异效应更为显著。这一方面引申出了较小能力或最小能力风险所有者在上述四个依据中的适用性问题，一定程度上讲，其对前述依据具有对冲或抵消作用，因而是一个有争议性的问题。不过，当其作为风险受害人或受影响人的角色出现时，得到针对性的保护具有正当性，这种依据为根据"受害人自我保护的可能性"分配风险责任。[①] 另一方面产生了能力之间的依赖关系，表现为较小能力或最小能力者因对较大能力所有者的依赖而应得到其保护，在法律上这种依赖关系被称为"合理信赖"，依据合理信赖进行风险分配构成新的依据。相对于前设性依据和常规性依据，本书称之为后设依据。

2. 风险所有权领域复合的迭代

根据上述风险要素的变化，风险所有权复合的领域模式出现迭代。这一迭代主要表现在两个方面：

一是新增两项依据，使得领域结构中的依据从四项扩展到六项，这是数量的迭代增加。（1）受害人自我保护的可能性依据。德国法学家拉布认为，在讨论社会交往的安全义务时，需考虑受风险威胁者是否以及在多大程度上能意识到风险并通过谨慎的行为进行自我保护。[②] 自我保护这一依据可能使得风险制造者的交往安全义务被取消，即在某些情境下，自我保护可能性依据同前述其他标准存在冲突抵消的情

---

[①] 叶金强：《风险领域理论与侵权法二元规则体系》，《法学研究》2009 年第 2 期。
[②] 转引自叶金强《风险领域理论与侵权法二元规则体系》，《法学研究》2009 年第 2 期。

况，这也是引发争议之处。不过可以确定的是，当风险受害人完全没有自我保护的可能性时，其不仅在风险分配中应给予有利的风险地位，而且需提供适宜的法律救济和保护。因为在许多重特大安全风险面前，完全缺乏自我保护的风险受害人必然处于无法逃避的情境之地，没有任何措施可以用来规避损失发生，若此时继续分配损失结果予他，显然与基本的法律正义相违背。当然，这仅是理论上的一种设想，在实际情况中，风险所有权的领域复合需综合考虑该依据同其他依据的相互关系。（2）合理信赖依据。所有者对安全信赖的合理性程度，也是风险所有权领域复合的依据之一。合理信赖依据假定这样一种情境：即当所有者对环境等领域的安全性产生合理信赖时，也许不会预想到风险发生的可能，更不会预先有所应对。此时其行为具有正当性，表现在法律上就是关于不利益的排除问题。因此当风险发生时，损失就不应当分配给该所有者承担，而应由被信赖的所有者负担，信赖合理性程度越高，将风险责任分配给被信赖人的合理性也就越高。合理信赖依据的现实存在证据之一为，现代社会中大量未知的风险使个体的人身和财产等处于威胁之中，社会往往要为个体提供基本的安全保障以避免其人身和财产遭受风险损害，并在损害发生后提供一定的救济。

二是复合模式的位序结构发生改变，这是结构质性方面的迭代变化。表现为后设性依据的加入引起了整体复合模式位序结构的迭代性变化：依据之间的位序结构会出现后向变化，即常规依据和后设性依据的位序开始靠前，前设性依据开始退出优先位序，由此风险所有权的领域复合逐渐由以责任为中心转向以能力为中心。因为对后设依据的设定，与其说是对所有者的赋责，还不如说是从积极的视角探讨那些仅具备较小甚至是最小能力的特殊风险所有者的保护和赋权问题，这是一种"反向的责任分配"，即权利和能力的分配。同时，风险要素的迭代变化最终将会给出风险社会的情境，风险所有权复合的后设性依据不再是特殊情况,而是普遍性的存在,能力愈发是制约所有者履责的首要条件,从责任到能力的转向具有新的适应性。此外,以能力为中心会改变风险分配关系,风险政府的职能由以风险分配为主导的模式转向以风险再分配为核心的模式,即政府职能的重心转向如何减少风险能力的不平衡发展、全面提升全社会应对风险能力的问题,这两者共同表现为风险社会情境下个体和政府责任的同时扩展。

总体来看,随着风险要素的变化,风险所有权领域复合的迭代表现出能力中心,同时所有权关系表现为基于权利和能力分配的合作关系。

(二) 所有者维度变化与对等结构迭代

1. 所有者要素的变化

所有者要素的变化主要是主体运行机制和职能变动带来的主体间复杂互动。本书称之为主体风险职能边界的动态变化。

(1) 政府风险职能边界的动态变化

政府风险职能是政府职能在公共安全领域中的体现,其边界既与政府职能设定的一般考量因素相关,又与公共安全的特定领域特点密切相关。与政府的常规职能相比,在突发事件等情境下的政府非常规职能边界大大拓展。本书认为,从公共安全的领域特点出发,这一边界变动主要视以下四种不同性质的因素而定(如图5-4所示)。具体而言:

一是公共安全效率因素。与一般物品相比,由于公共安全关涉社会各个主体的人身和财产安全,是社会的最基本需求品;同时,公共安全供给与政府的再分配职能相关,再分配是民主政治的重要特征,也是政府合法性的主要来源。因此在公共安全效率定义中,不应忽视行政机制所服务的政治目的,奥利弗·威廉姆森指出,应恰当地将政府的政治动机与政治程序纳入效率评估范围,并列举分析了政府采购、再分配、监管、主权、司法和基础设施等领域中政府如何变得有

## 第五章 风险所有权治理机理分析

```
政府公共安全行为的负外部性  →   ┌─────────────┐   ←  公共安全制度成本因素
                              │  政府风险职能  │
         公共安全效率因素  ↓   └─────────────┘   ↑  公共安全信息不完全因素
```

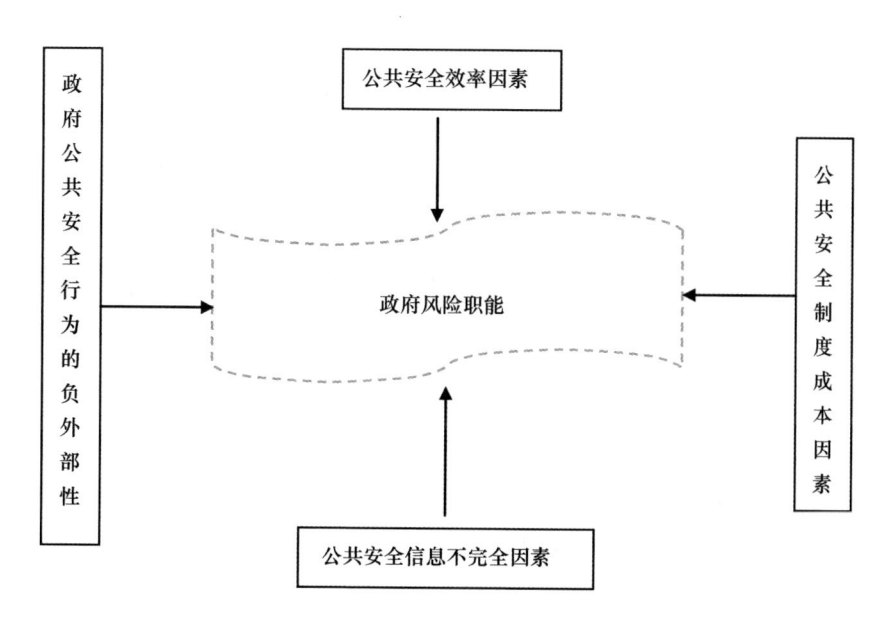

**图 5-4　政府风险职能边界动态变化的影响因素**

效率。[①] 莫伊将政府在某些情况下供给公共产品的无效率行为称为"由于设计而产生的无效率"[②]。这是由政治性产权的不安全性引起的，莫伊认为政治产权在民主政体中得不到保障，在这种政体中，一代政治家所推行的计划嗣后会在执政的政治家落选时发生普遍逆转。如果有效设计的政府机构和计划比那些臃肿累赘的机构和方案反应更灵敏，但也更容易逆变，那么政治家就面临一种类似交易的跨期抉择：被精心揉进政府机构的无效率是保证初始目标不迅速被逆转的代价。所以在公共领域，无效率是作为一种用以保护弱政治产权的特定方式而被有意地引入或创造出来的。显然，公共安全效率因素松弛了

---

[①] Williamson, Oliver E., "Public and Private Bureaucracies: A Transaction Costs Economics Perspective", *Journal of Law, Economics and Organization*, Vol. 15, No. 1, March 1999, pp. 306–342.

[②] Terry Moe, *The Politics of Structural Choice: Toward a Theory of Public Bureaucracy*, New York: Oxford University Press, 1990, pp. 116–153.

市场情境下对效率的严格定义条件，这意味着从新的效率观出发，政府在公共安全领域中的风险职能边界会外向扩展，因此可以把这一因素称为政府风险职能边界的拓展性因素。

二是公共安全制度成本因素。这一因素指任一制度生成或更新时都存在成本。政府在公共安全某一领域的相关风险职能一旦设定之后，若要求职能退出或者引入市场和社会机制取代政府的该部分职能时，就需考量制度成本：一方面是重新引入、生成市场和社会机制所需要的成本；另一方面是政府退出的机会成本，即可能引致的公共安全风险成本。奥利弗·威廉姆森用"可更进性标准"来设定不同制度/机制的选择条件。① 可更进性标准假定各种制度/机制都是有瑕疵的，对于某类备择制度/机制而言，如果无法找到并执行一类更为出色且能够获得净收益的制度/机制来代替它，这类备择制度/机制可以被假定为是有效的。因此，可更进性标准应用在公共安全领域后，为纠正政府失灵而采取的市场化或社会化机制就会变得更为慎重周密了。从这一意义来讲，公共安全制度成本因素是政府风险职能边界的保持性因素。

三是公共安全信息不完全因素。风险信息占有是有效承担风险责任的前提性条件，政府风险职能行使的有效性与政府所能够获取和掌握的公共安全信息有关。如果政府在不完全信息下进行决策和管理，那么很多措施的有效性可能达不到预期效果。然而，对信息全面性的获取和掌握必然伴随着高昂的成本。不过，由于公共安全风险的公共属性，既有全国/全域性的公共安全风险，也有地区/局域性的公共安全风险，因此公共安全信息的实际分布呈现分层的特征，信息成本的节约也可以通过风险职能的分层来实现。对于全国层面的公共风险信息、灾害应对能力信息、社会经济指标信息等全域性信息，中央政府

---

① ［美］奥利弗·威廉姆森：《治理机制》，石烁译，机械工业出版社2016年版，第6页。

由于具有便利的信息获取途径和强大的信息综合处理能力，由中央政府制定国家层面的公共安全战略，进行制度、体系、机制、策略等的顶层设计，具有成本节约和收益增加的双重效应。而对于发生在某一行政区域或仅影响特定范围的局域性公共安全风险，地方政府由于具备信息获取优势和管理优势，由属地政府制定符合本区域实际的特定公共安全计划，执行公共安全管理职能，有利于激励地方政府主动作为，提高行政效率，降低行政成本。对于分布在基础层面的公共安全信息来讲，其涉及的信息范围十分广泛，包含的信息内容繁杂细琐，比如市场上的各种商品及其价格和供求等信息，社区的灾害风险及其资源需求信息，社会组织参与公共安全的合作意愿以及能力信息等。在这种情境下，政府显然无法依靠一己之力获取信息并进行处理，而必须与市场和社会主体合作，或者把相关的职能交由这些主体承担落实。因此从上述分层性分析来看，公共安全信息的不完全因素是政府风险职能边界的调节性因素。

四是政府公共安全行为的负外部性。政府行为的负外部性，意指在公共安全管理中，政府的行为本意是纠正和弥补市场和社会功能缺陷，但却常常产生难以预见的新的副作用和消极后果。这一情况与市场的负外部性相似，但又有其特殊之处：其一，政府的这类行为一般是基于迫切的社会和政治需求，所以较少对这种外在性的存在及其程度进行全面分析和认识；其二，这种外在性在初期往往并不明显，而是与市场机制、社会机制相互作用较长时间后才开始显露出来；其三，政府行为的外在性对市场和社会机制的破坏可能是长期和深远的，即便意识到不良后果的产生，也会因为政治因素或公众压力而不能停止。所以，这就要求政府在一开始设定公共安全管理行为时，必须引入市场和社会主体的参与，综合考虑政策措施对其他主体风险职能可能存在的侵夺性或制约性影响，从而将政府风险职能限定在一定边界。从这一意义来讲，政府公共安全行为的负外部性是政府风险职能边界的收缩性因素。

(2) 市场风险职能边界的动态变化

市场风险职能是市场机制在公共安全情境下运行的适用性结果，其边界也由两者的互动来设定（如图 5-5 所示）。具体分析如下：

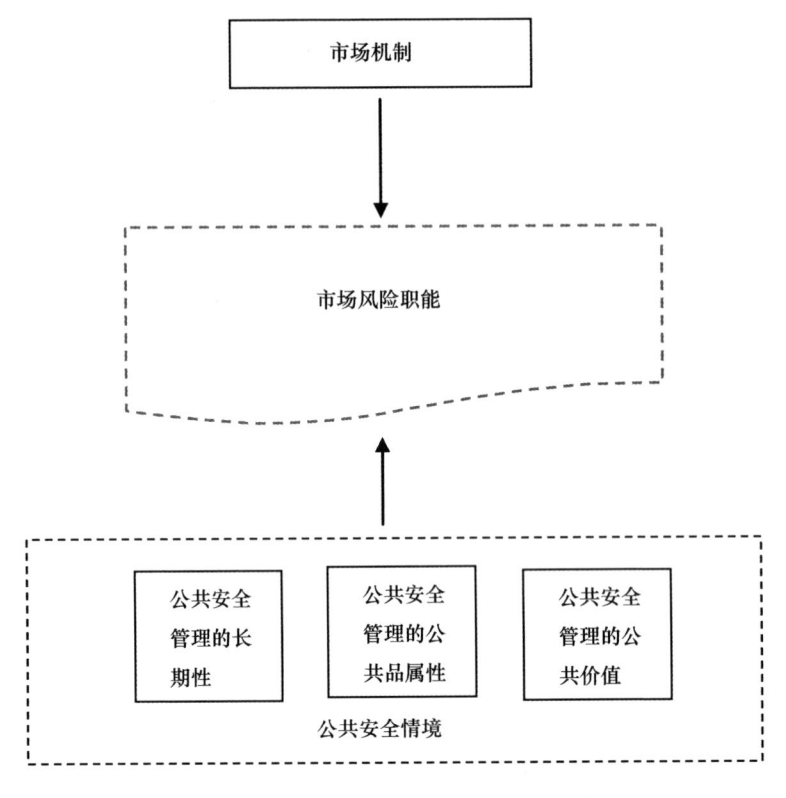

**图 5-5 市场风险职能边界的动态设定**

一是公共安全管理的长期性对市场风险职能边界的设定。相较一般的管理活动，公共安全管理由于对象的特殊性而具有特定的管理周期，其管理机制要求具备在长周期中对风险的全面适应性，并且有能力承担不同阶段中的风险损失后果。而从市场职能来看，由于价格、供求以及竞争主要是对当前商品和要素的调节和平衡，纯粹市场机制下的交易也是短期甚或是一次性交易行为，因此对于公共安全管理的周期和成本具有部分的适应性，大量具有长期性、前瞻性、高成本的风险管理职能需交由政府或与政府协同来执行。

二是公共安全管理的公共品属性对市场风险职能边界的设定。公共安全既有纯公共品的部分，也有准公共品属性。对于前者而言，由于非竞争性和非排他性的存在，由市场供给是无效率的；对于后者而言，市场适合供给公共安全的硬品部分。如 ANVIL 在欧洲地区的实证研究发现，在大多数国家中，以营利为目的的组织者对民事安全和应急管理的参与明显不如自愿的非营利组织。[1] 应急管理领域中，将核心任务外包并不是主流趋势。私营公司的作用通常比较有限，一般是基于法律的安全生产要求和特殊任务下在生产设施或基础设施方面来参与地方应急管理。总体而言，有证据表明西欧和北欧的国家不太愿意将政府民事安全任务外包，但一些较小的能力较弱的欧盟"新"成员国看起来比西欧和北欧国家更乐于促进政府机构与私营部门的合作。

三是公共安全管理的公共价值对市场风险职能边界的设定。公共安全管理的最终目的是使公众的生命和财产安全免于风险损害或者将其损失降至最低，因此公共风险服务和产品不能作为一种纯粹的商品，即风险基本能力或条件是不可以等价交换的市场原则来换取的，处于较弱风险地位的社会个体同样应得到足够的安全保障，风险服务的公共性和普适性需通过非市场的再分配即政府的风险再分配职能来实现。显然，与政府作为基本公共安全服务的这一保障者角色相比，市场是在最低限度和层次之上提供满足公众多样化安全需求的产品和服务。

公共安全情境下，以交易为根本特征的市场机制的适应性受到诸

---

[1] 中国应急管理研究基地：《欧洲民事安全体系及欧盟在共同危机管理能力建设中的作用》，《中国应急管理》2015 年第 7 期。

多限制，市场风险职能边界具有保守而非开放的变动趋向。因此，要想市场保有并持续行使其风险职能，需要依赖政府的协同。这就意味着，在风险社会情境下，仍以强调主体职能的差异或区别为中心来分配风险管理活动不再具有其适应性，新的适应性要求转向以风险应对和风险能力为中心来协调主体的风险职能。

（3）社会风险职能边界的动态变化

从社会机制在风险情境中的运行分析来看，社会风险职能边界具有面向基层、面向风险现场以及内在拓展性的特征（如图5-6所示）。具体来讲：

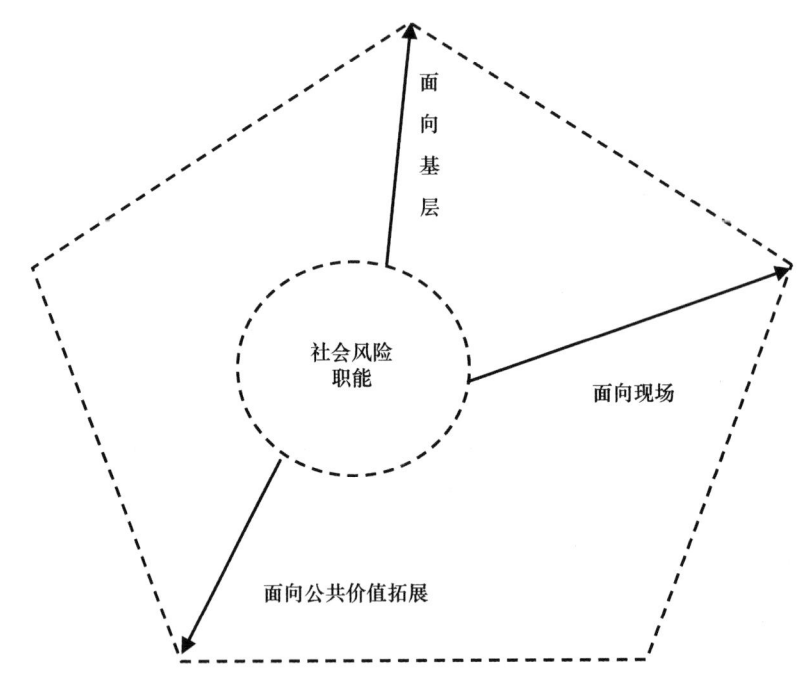

**图5-6 社会风险职能边界的动态变化**

第一是社会风险职能边界变动面向基层，不断弥补政府和市场的职能空白。重特大公共安全风险可能会使地方政府与市场机制运行中断,或者由于灾害信息不完全而导致风险疏漏,在客观上造成政府与市场双重失灵。扎根于当地的社会组织就需在协调合作中发挥弥补灾害管理缺口的功能,开展和协调灾难服务,实施自助互助、自救互救,先期恢复公共安全。

第二是社会风险职能边界变动面向现场,因灾而动、向灾而变,体现为社会组织参与公共安全管理的时效性和风险职能的灵活性。社会组织具有组织结构优势、信息优势等,往往能较早介入灾害应对工作,在早期灾害处置、控制灾害继发、降低灾害损失等方面具有较好的时效性。同时,社会组织在灾害行动中以灵活的现场协作方式进行运作,容易结合灾害需求情况的变化,随时调整和组合自身风险职能。

第三是社会风险职能边界具有内在拓展性,这与社会机制运行的公共价值有关。理论上讲,公共价值的适用性扩展到何种范围,社会机制就可以在何种范围内运作,社会风险职能的边界也随之拓展到此范围。但在实际情境中,由于社会组织的自身特点以及来自其他主体如政府的价值认可和资源支持程度的不同,真实的社会风险职能边界也是有限的。如胡涤非通过大量的实证研究表明,政府和社会组织自身共同认可的社会风险职能主要包括了十项内容:人财物等资源的救助,灾民安置与收容,医疗服务,心理辅导,法律服务,规划咨询服务,灾区经济和产业重建,住房、学校和其他公共工程重建,灾区调查研究活动,应急管理知识宣传与信息收集。[①]

2. 风险所有权复合的对等结构的迭代

从前述分析看,所有者维度下风险所有权复合的模式主要表现出对等结构,即以责任和能力为双中心的特定结构。在设定风险不存在明显的类型或形态上的分异、主体缺乏风险所有权权利意识且主体间

---

① 胡涤非:《非营利组织与政府在应急救灾中的合作机制研究》,《中国应急管理》2011年第2期。

存在显著职能差异的条件下,因风险的复杂性和关联性被忽略而使得公共安全情境较为简单,依据职能划定风险责任即可应对公共安全问题,突出了责任中心是对等结构的常规特征。但是随着所有者要素的变化,即主体风险职能边界的变动,对等结构迭代会出现责任中心的松动趋势。具体来说:

一方面,由于主体不再完全依据自身经济理性来设定各自职能,因而在责任性上有所提升,责任的高度开始下降。

另一方面,伴随责任中心的松动,能力中心开始得到强化。这是因为,在风险职能扩展过程中,风险能力成为风险职能完善的重要方向。风险所有权复合强调能促型复合,表现为政府通过风险再分配职能提供制度化资源,对所有者进行能促以强化其风险能力。以市场风险职能为例,市场自身在风险社会下会出现大量失灵,戴维·莫斯指出了市场失灵原因:[①](1)信息问题。公共安全风险的高度不确定性使得风险交易市场在获取公共风险信息时显得极为力不从心,保险市场在灾害保险供给方面下降,在于他们有时候完全不知潜在的风险,仅有的只是大型自然灾害有限的历史信息。(2)风险认知问题。行为心理学家和经济学家已经总结出了对于我们大多数人理解和解释风险的方式产生了不利影响的大量系统性偏差,人们经常在弄清极端的概率存在困难,高度不可能发生的事情要么被忽视要么被高估,而且高概率和确定性之间的区别要么被忽略要么被夸大,在面对罕见疾病和自然灾害的事件时,人们往往是要么没有保险,要么过度保险。(3)市场承诺问题。系统性安全风险在风险交易市场中几乎实现不了风险分配,系统性风险几乎在影响每一个市场交易主体,在他们之中进行风险交易和分配是极为困难的;同时,涉及代际风险时不能在风险交易市场中进行分配,因为现在和未来一代不同时在场,风险交易

---

① [美]戴维·莫斯:《别无他法——作为终极管理者的政府》,何平译,人民出版社2014年版,第41—52页。

在他们之间出现隐性失灵。(4) 外部性问题。公共安全风险具有外部性特点或受外部性影响，风险成本无法在市场交易行为中反映出来，风险分配无法实现内部化。因此，政府的风险再分配表现为赋予自身新的公共安全宏观调控和干预能力，调节风险服务市场，促进社会风险能力充分和平衡发展，保障风险服务供给平衡。从而在所有者要素变动的条件下，风险所有权复合以能促为中心，所有权关系表现为以能促为中心的公共安全合作关系。

(三) 所有权维度变化与双层复合迭代

1. 所有权要素的变化

从所有权维度看，其设定所有者具有反思理性，因此所有权要素的内容包括两方面：一是所有者对风险所有权权利的清晰认识，其由风险的占有权、使用权、处置权和收益权四项基本权能构成；二是所有者对公共安全合作的共识。因此，所有权要素变化主要表现为风险所有者关注风险所有权权利的维护、公共合作以及公共安全的实现。

2. 风险所有权双层复合的迭代

在所有权要素变动的条件下，风险所有权复合的迭代核心表现为如何更好地夯实风险所有权权利和进行公共安全合作。由于在风险所有权的双层复合中，其欠缺在于复合过程中面对的所有者是碎片化的，还没有明确聚类到政府、市场、社会这样的主体层次。因此，其迭代将是风险所有者通过不断形成各种合作机制实现公共安全，这些机制最后会逐渐聚类到行政、市场和社会三种主要的运行机制上来，所有者会依其优势和擅长运用一种或多种合适的机制，配置风险服务资源以更加实质性地赋予自身风险所有权权利，并更好地开展公共安全合作。从这一意义上讲，风险所有权双层复合迭代将由单个的所有者层面转换至政府、市场、社会主体层面，风险所有权权利整合为政府、市场和社会层面上的内容，所有权关系整合为三个主体层面上的内容，最终通过三个主体的效能汇聚实现高水平的公共安全，这直接与能力和合作导向高度吻合，即是不断臻于善治的公共安全。

## 第二节 公共安全治理的基本特征

公共安全治理是公共治理的有机组成部分。薛澜认为，公共治理可分为常态管理和应急管理。① 张海波认为，面向风险社会的公共治理核心在于发展应急管理。② 李明呼吁建立当代公共安全治理话语体系，认为应秉承"以人为本"，"生命安全高于一切"的观念；体系目标从维护社会秩序过渡到维护公众安全；对话方向由单向、自上而下过渡到双向、上下交互的对话过程；运行方式由行政决策、强制服从、指挥命令，过渡到政府与社会的合作协商、伙伴关系、协调认同方式。③ 公共安全治理话语体系以合法性、参与性、公开性、透明性、回应性、法治性和责任性等为基本特征。笔者认为，公共治理与公共安全治理的基本关系为：二者在特征内容上存在差别，公共安全治理是在风险（突发事件/危机）领域的公共治理，因此上述合法性等特征有新的内容；但二者在特征属性上相同，即公共治理特征的内部、外部、动态划分同样适用于公共安全治理。结合前文基础理论部分对公共治理特征的描述，本书提出了公共安全治理的基本特征（如图5-7所示）。

### 一 内部特征

公共安全治理的内部特征，具体表现为以下四个方面：

---

① 薛澜：《从更基础的层面推动应急管理——将应急管理体系融入和谐的公共治理框架》，《中国应急管理》2007年第1期。
② 张海波：《风险社会视野中公共管理变革》，《南京大学学报》2017年第4期。
③ 李明：《突发事件治理话语体系变迁与建构》，《中国行政管理》2017年第8期。

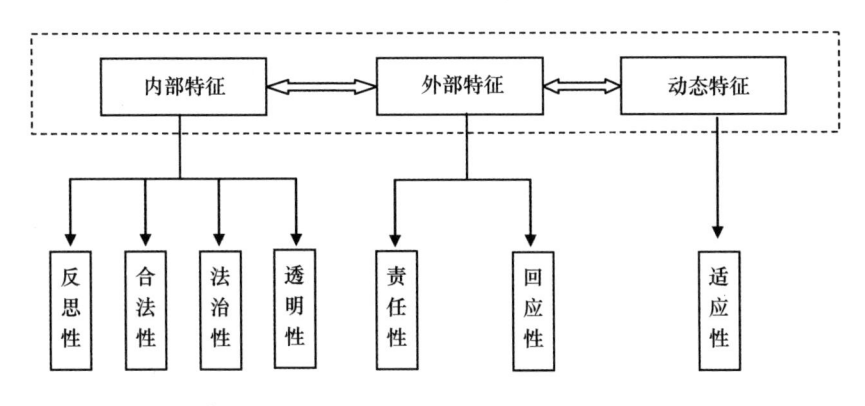

**图 5-7 公共安全治理的基本特征**

（1）反思性。反思性指公共安全行为者能够通过不断的对话交流公共风险信息，克服有限理性的先天不足；能够通过各种形式的公共合作，将行动者锁定在利害相关的网络中，从而减少公共机会主义行为的动机和风险；能够通过持续的公共安全学习，积累公共安全治理经验，改进过去的风险行为模式，进而提高适应社会公共安全治理要求的能力。更重要的是，通过这种公共风险反思，政府部门与非政府部门学会了约束自己的风险要求和行为，可以在相互尊重对方安全权益的基础上采取合作行动来实现公共安全利益，并使得行动者可以通过持续的对话调整各自的行为，以追求实现大家共同接受的公共安全水平。

（2）合法性。指的是社会公共安全秩序和权威被自觉认可和服从的性质和状态。合法性越大，公共安全治理的程度便越高。取得和增大公共安全治理合法性的主要途径，是尽可能增加公民的公共安全共识和认同感。所以，公共安全治理要求有关的管理机构和管理者最大限度地协调各种公民之间以及公民与政府之间的利益矛盾和风险冲突，以便使公共安全治理活动取得公民最大限度的同意、认可以及支持。

(3) 法治性。法治的基本意义是，法律是公共安全管理的最高准则，构成管理者、行为者之间的制度化公共安全管理关系。法治既规范公民的风险行为，更制约政府的风险行为，健全的法治有利于管理社会公共安全事务，维持社会公共安全秩序，保障公民的公共安全权益。法治是公共安全治理的基本要求，没有建立在法律之上的社会公共安全秩序，就不能称之为公共安全治理。

(4) 透明性。指的是公共安全信息的公开性。每一个公民都有权获得与自己安全利益相关的政府公共安全政策的信息，包括公共安全立法活动、政策制定、政策实施、公共安全开支等信息。透明性要求上述信息能够及时通过各种传媒为公民所知，以便公民能够有效地参与公共安全决策过程，并且对公共安全治理过程实施有效监督。透明程度越高，公共安全治理的程度也越高。

## 二 外部特征

公共安全治理的外部特征，具体表现为以下两个方面：

(1) 责任性。公共安全治理关系下，公共安全参与者最终将形成一个自主的网络，与政府进行合作并分担政府管理责任。认为公众尤其是公职人员和管理机构的责任性越大，公共安全治理的程度越高；强调通过运用法律和道义的双重手段，增大个人及机构的公共安全责任性。

(2) 回应性。公共安全治理认为风险回应是一个上下互动的过程，主要通过风险合作、协商、伙伴关系、确立公共安全认同和共同的公共安全治理目标等方式，实施对公共安全事务的治理。其强调公共管理人员和管理机构必须对公民的公共安全权益和诉求做出及时的和负责的反应，在必要时还应当定期地、主动地向公民征询意见、解释公共安全政策和回答风险问题。回应性体现出对治理能力的格外强调，回应性越大，公共安全治理的程度越高。

综合这两方面，公共安全治理的外部特征体现出治理主体之间的互动合作建立在强责任基础之上的能力导向上。

### 三 动态特征

公共安全治理的动态特征表现为适应性，具体是对社会公共安全系统的强动态性、强复杂性和强多样性全面地动态回应并进行自我完善，以更好地处理风险的不确定性、不稳定性甚至混乱、长期的风险远景等，保持治理的持续适应性。具体而言：

一是对公共安全系统强动态性的适应。强动态性指现代社会系统和自然环境都是动态变化的，系统从一种状态或位置转向另一种状态或位置，既存在线性关系，也有非线性的关系模式，相互之间又有多重互动关系。公共安全系统作为社会整体系统的内置部分，再加上公共风险之间的次生、衍生、耦合、变异等复杂演化关系，公共安全治理须对公共安全系统的强动态性表现和保持紧张的敏感性、敏锐性，因应公共安全风险的变动而进行动态完善。

二是对公共安全系统强复杂性的适应。强复杂性既表现在社会公共安全系统中子系统的数量上，更表现在其结构构造上。公共安全风险无处不在，处在风险环境中的主体数量繁多、职能不同、特点不同，形成了复杂的公共安全管理关系。复杂性增加了公共安全管理关系变化的敏感性，对后者采取不同的协调方式或者按照不同导向进行协调，结果之间会产生很大的差异性。一般而言，处理公共安全管理关系的复杂性主要有约简与选择、结构化和操作化三种方法。公共安全治理如想适应公共安全系统的强复杂性，应对治理主体的关系结构进行动态完善，一方面将主体明确聚类到政府、市场、社会这样的层次类型；另一方面高效协调三类主体的风险职能、资源和合作关系，由此产出更强的适应风险能力，以实现和保持最大水平的公共安全。可以说，是因应公共安全治理主体及其相互关系的变动而进行动态完善。

三是对公共安全系统强多样性的适应。多样性指现代世界日益个性化、分化、专门化，使得公共风险也日益多样化。多样性只能被多样性所破坏，公共安全系统的多样性使其对公共安全治理主体的行为或职能的多样化、专门化、精细化要求越来越高，后者需对此进行动态完善。

## 第三节　公共安全治理机理

本节运用风险所有权演化机理研究公共安全治理的基本机理。风险所有权演化过程分为三个基本阶段：风险所有权的生成阶段，风险所有权的复合阶段以及风险所有权的迭代阶段。其中，生成阶段是一种内部性过程，复合阶段是一种外部性过程，迭代阶段是由内部迭代和外部迭代共同组成的动态过程。同时，每一阶段的演化又在风险、所有者、所有权三个不同维度上具体展开。风险所有权演化会有不同的内部特征、外部特征和动态特征，而公共安全治理是由内部特征、外部特征、动态特征来界定的，由此基于"三阶段—三维度"可以搭建起运用风险所有权演化机理研究公共安全治理机理的基本分析结构，进而分别指出公共安全治理的内部机理、外部机理和互动机理。

### 一　内部机理

从风险所有权生成阶段的演化分析公共安全治理的内部机理。该阶段演化有风险、所有者以及所有权三个基本维度，不同演化维度具有不同特征。

风险维度上由于"风险权势"以及风险"马太效应"的存在，使得风险所有权生成过程缺乏反思性、合法性、法治性以及透明性，生成的风险所有权无法确认，彼此之间表现出对立和冲突等特征。

所有者维度上由于存在主体职能机制的差异，使得风险所有权生成在反思性、合法性、法治性以及透明性方面出现分异和不彻底性，生成的风险所有权有多重确认标准。首先，在反思性方面，不同机制的反思理性存在差别，社会机制下反思理性的特征最为明显，而政府与市场则是弱理性。道格拉斯认为，"在一个以竞争性个体主义的原则来组织的社会里，人们很难意识到那些最低层群体的存在，因此最简单的办法就是把他们作为'遗弃物'一笔勾销。等级制即行政制在这个问题上不一定表现得更好，但它更有可能意识到少数群体的利益，因为这是一种包容子群体的机制。"[①] 社会机制则会带来强反思理性，基于公共安全价值并致力于实现公共安全。其次，在合法性方面，虽然政府、市场和社会主体都进入风险的生产、分配、交换和消费过程当中，但仅仅关注主体之间在职能上的性质差异而倾向于强调谁应在风险的生产、分配、交换和消费中占据何种地位，不是一种对主体职能的优势互补，因而也不是对合法性的共识性认识。再次，在法治性方面，虽然强调风险的生产、分配、交换和消费在已有的成形机制当中运行，具有制度化的取向。不过，这种制度化所采用的是一种区别性的、排斥性的、自我保守性的思维立场，制度化导向的结果表现为责任的外移以及自利倾向，不是一种基于公共责任、共享公共安全的积极结果，而会导致"个人安全的丰裕"与"公共安全的穷困"[②] 并存的悖论现象。最后，在透明性方面，虽然风险的生产、分配、交换和消费理论上处于一定水平的合法性和法治性环境中，但由

---

① 转引自阿兰·斯科特《风险社会还是焦虑社会？有关风险、意识与共同体的两种观点》，赵延东译，载［英］芭芭拉·亚当、［德］乌尔里希·贝克、［英］约斯特·房龙编著《风险社会及其超越：社会理论的关键议题》，赵延东、马缨等编译，北京出版社2005年版，第59—60页。

② 阿兰·斯科特：《风险社会还是焦虑社会？有关风险、意识与共同体的两种观点》，赵延东译，载［英］芭芭拉·亚当、［德］乌尔里希·贝克、［英］约斯特·房龙编著《风险社会及其超越：社会理论的关键议题》，赵延东、马缨等编译，北京出版社2005年版，第60—61页。

于主体的经济理性,承担何等程度的责任依据于其获得的安全预期收益,所以合法性和法治性水平会出现一种选择性变化的、不稳定的现象,如在政府主体下可能会出现公共选择与政府失灵,在市场主体下会出现市场选择与市场失灵,在社会主体下会出现社会选择与社会冲突。这种透明性是不明确的。

所有权维度上由于风险社会情境中反思理性的存在,使得风险所有权生成过程向全部风险所有者开放。贝克认为,风险对于社会定义与建构是开放的,没有什么事实能够独立地置身于以语境、位置、视角、利益以及对风险定义和着色的权力为基础的解释的相对化影响之外,科学专家、政治家、法律专业人员、大众传媒、公众都处在定义关系中,这种定义关系属于"反思性的定义关系"。① 一个自称是风险社会的社会是一个反思性的社会,其行动和目标的基础将成为公众的科学与政治争议的目标。② 露丝·利维塔斯认为,这是合法化风险的来源。③ 贝克进一步明确指出,风险合法化问题本质上是有关风险定义权利在风险主体间的公平分配问题。这一公平分配过程表现出制度化和透明性,其能够对风险建构中的不确定性、复杂性、偶然性和混乱性的散漫建构施加约束和协调,限制主体间的风险转嫁和权利侵犯行为,使得每一风险主体以其最佳效率水平分担可接受水平的风险,从而最大化地实现公共安全保障。由此生成的风险所有权由风险占有权、使用权、处置权和收益权四项基本权能构成,并且体现为一

---

① [英]芭芭拉·亚当、[英]约斯特·房龙:《重新定位风险:对社会理论的挑战》,赵延东译,载[英]芭芭拉·亚当、[德]乌尔里希·贝克、[英]约斯特·房龙编著《风险社会及其超越:社会理论的关键议题》,赵延东、马缨等编译,北京出版社2005年版,第6—7页。

② [德]乌尔里希·贝克:《再谈风险社会:理论、政治与研究计划》,赵延东译,载[英]芭芭拉·亚当、[德]乌尔里希·贝克、[英]约斯特·房龙编著《风险社会及其超越:社会理论的关键议题》,赵延东、马缨等编译,北京出版社2005年版,第337页。

③ [英]露丝·利维塔斯:《风险与乌托邦的话语》,张网成译,载[英]芭芭拉·亚当、[德]乌尔里希·贝克、[英]约斯特·房龙编著《风险社会及其超越:社会理论的关键议题》,赵延东、马缨等编译,北京出版社2005年版,第308—309页。

种合作性因而是公共性权利。

综上比较三个维度上的风险所有权生成特征，结合前述公共安全治理的内部特征，本书总结认为：公共安全治理的内部机理表现为所有权维度的风险所有权生成（如图5-8所示）。

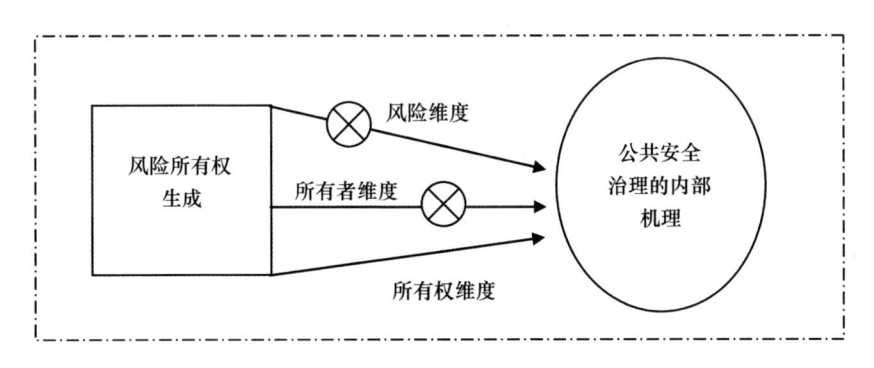

**图5-8 公共安全治理的内部机理**

注：符号"⊗→"表示不能解释。

## 二 外部机理

从风险所有权复合阶段的演化分析公共安全治理的外部机理。该阶段演化也有风险、所有者以及所有权三个基本维度，不同演化维度具有不同特征。

风险维度上风险所有权的领域复合提供了一个公共安全风险责任分配框架。在这一框架当中，风险制造和损益一致两项依据的前设性位序凸显了分配过程中的责任导向，风险控制能力和损失分担能力两项依据被放在次要地位。由此，风险所有权复合主要表现出对责任的规制和认定。

所有者维度上风险所有权的高阶复合虽然设定了责任和能力双中心的对等结构，但后者仍受制于前者的限定，复合过程中对能力的强调不稳定。因为该维度的复合，假定风险不存在明显的类型或形态上的分异、主体缺乏风险所有权权利意识且主体间存在显著职能差异，在此条件下风险的复杂性和关联性被忽略而使得公共安全风险情境较为简单,依据职能划定风险所有权即可应对公共安全问题,因此主要的是责任的划分。由此能促中心的复合模式受制于责任思维导向和风险整体性的混沌干扰,其在风险能促上缺少细化,能力较为笼统和混沌,限制了风险能力的全面发展。

所有权维度上风险所有权的双层复合设定所有者的反思理性,意味着社会的风险责任意识已经内在地建立起来,复合过程中强调四方面的具体内容:一是所有者风险占有、使用、处置以及收益权利的赋予;二是预防权、应对权、恢复权的完整性;三是通用性权利和专用性权利的细化;四是所有者之间为应对公共安全风险的公共回应与合作。由此则建构起公共安全权利导向和公共安全合作的权利性管理关系。

综上比较三个维度上的风险所有权复合特征,结合前述公共安全治理的外部特征,本书总结认为:公共安全治理的外部机理表现为所有权维度的风险所有权复合(如图5-9所示)。

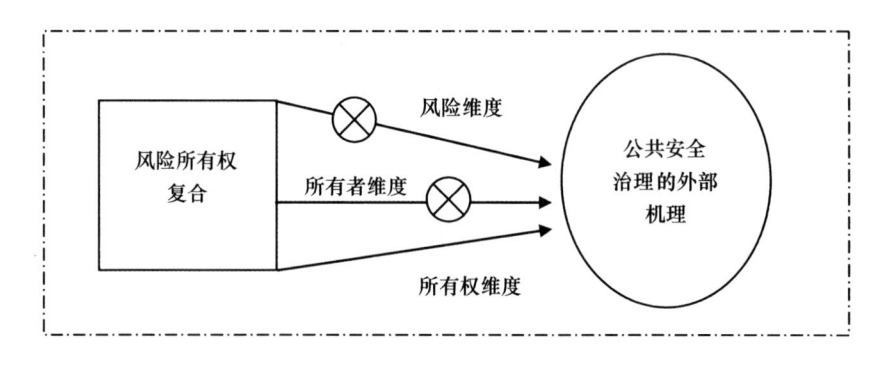

**图5-9 公共安全治理的外部机理**

注:符号"⊗→"表示不能解释。

### 三 互动机理

从风险所有权迭代阶段的演化分析公共安全治理的互动机理。迭代阶段是由内部迭代和外部迭代共同组成的动态过程，该阶段演化有风险、所有者以及所有权三个基本维度，不同演化维度具有不同特征。

风险维度上由于风险要素的变化，风险所有权领域复合的迭代增加了受害人自我保护的可能性和合理信赖等以能力为标志的后设性依据，并引起整体复合模式位序结构的变化：依据之间的位序结构会呈现后向变化，常规依据和后设性依据的位序靠前，前设性依据退出优先位序，由此风险所有权的领域复合逐渐由以责任为中心转向以能力为中心，所有权关系从责任性关系转向基于权利和能力分配的合作关系。

所有者维度上由于所有者要素的变化，即在主体风险职能扩展过程中，将风险能力的完善作为基本导向，风险所有权复合的迭代表现为政府通过风险再分配职能提供制度化资源，对市场和社会主体进行能促以强化其风险能力，市场和社会主体也主动寻求风险能力拓展资源，并与政府协同、积极发挥自身作用。三类主体实质上在面向公共风险完善各自新的风险职能，政府在公共安全中不是选择在何处退出，而是选择在何处进入；市场在公共安全中不是选择在何处获得更高的经济收益，而是选择在何处进一步拓展风险交易、扩大市场风险服务的适用范围；社会在公共安全中不是选择被动进入，而是主动接受和宣传公共价值、面向基层、面向事件现场拓展自身风险职能。这样，风险所有权复合的双中心对等结构中责任中心松动，能力中心开始得到强化，所有权关系从责任性关系转向以能促为中心的公共安全合作关系。

所有权维度上所有权要素的变化主要是风险所有者关注风险所有权权利的维护、公共合作以及公共安全的实现，因此，风险所有权双层复合的迭代将表现为风险所有者通过不断形成各种合作机制实现公共安全，而这些机制最后会逐渐聚类到行政、市场和社会三种主要的运行机制上来，所有者会依其优势和擅长运用一种或多种合适的机制，配置风险服务资源以更加丰富和更加实质性地赋予自身风险所有权权利，并更好地开展公共安全合作。从这一意义上讲，风险所有权双层复合迭代将由单个的所有者层面转换至政府、市场、社会主体层面，风险所有权权利整合为政府、市场和社会层面上的内容，所有权关系整合为三个主体层面上的内容，最终通过三个主体的效能汇聚实现高水平的公共安全，这直接体现出能力和合作导向。

由于公共安全治理的动态特征是对公共安全系统强动态性、强复杂性和强多样性的全方位适应，综合三个维度上的风险所有权迭代特征，任意单一维度的风险所有权迭代仅能反映公共安全治理动态特征的某一方面内容，三个维度上的共同迭代才能完整解释，由此总结认为：公共安全治理的互动机理表现为风险所有权迭代（如图 5-10 所示）。

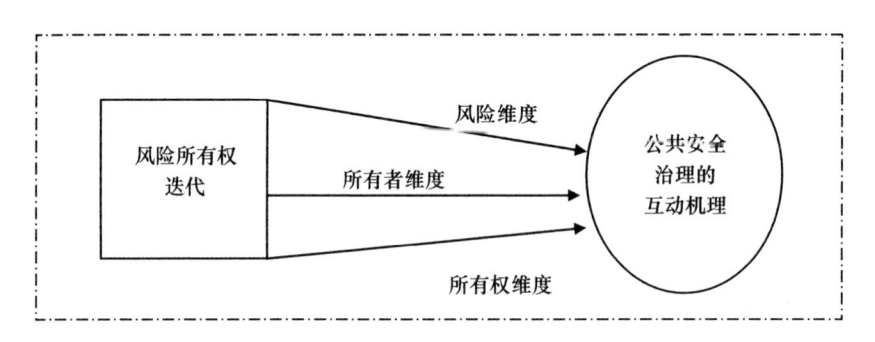

图 5-10 公共安全治理的互动机理

# 小　结

本章在风险所有权演化模型基础上，通过阐述风险所有权的演化机理来分析公共安全治理机理。研究认为公共安全治理机理由内部机理、外部机理和互动机理构成：内部机理表现为所有权维度的风险所有权生成，外部机理表现为所有权维度的风险所有权复合，互动机理表现为风险所有权迭代。由此，推进公共安全治理就可以依据其三种机理科学合理地制定公共政策，风险所有权可以作为一种新的管理工具进行使用，下一章即探讨风险所有权的政策功能和工具实践。

# 第六章

# 风险所有权政策功能及工具

本章在第五章基础上,从应用层面探讨风险所有权作为管理工具的政策功能和实施方法。在政策功能方面,风险所有权可提供新的公共安全问题分析框架和公共安全治理政策设计原理,据此提出具体的公共安全治理政策建议;在工具实践方面,采用示范案例法,以美国为例分析风险所有权在公共安全管理实践中的思想体现和具体应用,并探讨其实施方法。

## 第一节 风险所有权的政策功能

### 一 基于风险所有权的公共安全问题分析框架

风险所有权由所有者、风险、所有权三个基本要素构成。所有者指风险所有权的拥有人或拥有者,承担风险管理活动,一般可聚合归为政府、市场、社会三类基本的管理主体;风险是管理对象,风险可演化为突发事件或危机;所有权本质是管理活动、管理行为或管理过程,体现为风险占有权、使用权、处置权和收益权等权能。在公共安全管理中引入风险所有权概念,可在问题流上同时关注风险、所有者以及管理过程三个基本问题,由此可提供综合性的公共安全问题分析框架。

## 二 基于风险所有权的公共安全治理政策设计原理

风险所有权揭示了公共安全治理的基本机理,其内部机理表现为所有权维度的风险所有权生成,外部机理表现为所有权维度的风险所有权复合,互动机理表现为风险所有权迭代。由此,从风险所有权视角出发,可提供公共安全治理政策设计的基本原理。具体分析如下:

第一,从所有权维度的风险所有权生成揭示公共安全治理的内部机理看,所有者反思理性的存在是最根本性的要素。根据风险社会理论的解释,反思理性在特定制度背景下产生和运行,一方面依赖个体参与社会行动;另一方面依赖国家提供强制制度。因此,从内部机理出发设计公共安全治理政策,应致力于创设反思理性生成的条件,聚焦公共安全治理的社会化和法治化。

第二,从所有权维度的风险所有权复合揭示公共安全治理的外部机理看,所有权权利形态和权利层次是两个复合要素。所有权权利形态将风险占有权、使用权、处置权和收益权等风险所有权权利在纵向上归整为预防权、应对权、恢复权三种基本形态,所有权权利层次则在横向上将其划分为通用权利和专用权利两个基本层次。复合过程中强调四方面的具体内容:一是所有者风险占有、使用、处置以及收益权利的赋予,二是预防权、应对权、恢复权的完整性,三是通用性权利和专用性权利的细化,四是所有者之间为应对公共安全风险的公共回应与合作。由此则建构起公共安全权利导向和公共安全合作的权利性管理关系。因此,从外部机理出发设计公共安全治理政策,应致力于细化和完善所有者的风险所有权权利,强化所有者之间的公共安全合作关系。

第三,从风险所有权迭代揭示公共安全治理的互动机理看,迭代阶段是由内部迭代和外部迭代共同组成的动态过程,既分析风险所有权生成的三要素的变化迭代,又分析基于要素变化的不同维度风险所有权复合模式的变化迭代。同时，风险、所有者以及所有权三个维度上的共同迭代才能完整解释这一过程。因此，从互动机理出发设计公共安全治理政策，应致力于根据风险、所有者以及所有权的动态变化或者通过预测其变化来主动调适和完善现有治理政策内容。

### 三 基于风险所有权的公共安全治理政策

根据上述设计原理，就具体的公共安全治理政策，笔者建议如下。

1. 聚焦公共安全治理社会化和法治化，创设反思理性生成的基本条件

公共安全治理社会化有公共风险教育和公共风险动员两种基本策略，是从软层面提供反思理性生成条件。公共安全治理法治化主要是推进公共风险规制，从硬层面提供反思理性生成条件。具体而言：

（1）加强公共风险教育。首先，公共风险教育应注重前瞻性与战略性，建立长远教育规划。用前瞻性的目光看待可能发生的危机，对公众进行系统的风险能力教育，做到未雨绸缪，让公众树立强烈的公共安全意识，从日常生活中学会应对风险的基本技能。其次，公共风险教育应具有全民性与全社会性。公共风险教育对象不仅仅指个别群体，而是全社会范围内的实施和接受公共安全管理与教育的公众和相关组织。通过公共风险教育，形成公众和各个组织机构踊跃参与，运用熟练的风险知识和技能既能实现自救又能施救的成效；各主体相互间责任明确而又通力合作，形成立体预防与救援的公共安全管理与教育体系；并进一步在全社会范围内形成健康成熟的安全意识、安全责任与安全文化和安全应对科学。最后，公共风险教育应符合动态性和全程性。由于风险发生的周期性，风险、突发事件、危机三种形态具有不同特点，根据风险形态对教育内容、教育方法等进行修改、增删、补充和完善，这也是风险所有权权利形态的体现。对公众进行不

同层次和程度的公共风险教育,如风险预防权利方面,主要是让公众树立风险意识,掌握基本的风险信息知识;风险应对权利方面,就需针对具体的突发事件情况研究得出有效的应对方法,让公众掌握适应性的技能;风险恢复权利方面,主要是对公众进行风险总结,面向心理、健康和社会恢复等提高公众的风险应对能力。

(2)加强公共风险动员。阿兰·斯科特认为,公共风险动员是一种体现了强烈的群体特征的社会共同体,建基于集体行动之上,以调动集体情感作为自身的主要资源,并为成员提供一种超越个人目标的感受,可以通过禁绝"搭便车"行为的集体行动来解决"公共安全穷困"和"个人安全丰裕"的悖论现象。[①] 他同时认为,公共安全集体行动的逻辑主要不是存在可供使用的具有集体特征的社会文化资源,而是对这些文化资源的频繁呼求和公共动员。公共风险动员有利于强化人们的风险意识,引导社会进行理性风险对话,开展风险的公共合作,从而在实践中不断强化反思理性,使得风险所有权权利意识日益成为普遍性的社会意识。

(3)加强公共风险规制。公共风险规制主要指风险的行政性规制,即设立专业的行政机构,对可能造成公共危害的风险进行评估和监测,并通过制定规则、监督执行等法律手段来消除或者减轻风险。现代社会中,几乎所有国家都试图通过理性设计的正式法规、组织有序的官僚系统来防范和消减社会生活中的风险,从而形成了环境保护、食品药品监督、卫生防疫、自然灾害的预防、交通管理、工程管理等庞大的行政管理领域。这些发展最终使风险规制成为一个极其庞大的活动领域,并成为发达国家公共安全治理活动的核心话题之一。在我国,以"风险"为规制对象的活动也迅速发展,并形成了非常庞

---

① 阿兰·斯科特:《风险社会还是焦虑社会?有关风险、意识与共同体的两种观点》,赵延东译,载〔英〕芭芭拉·亚当、〔德〕乌尔里希·贝克、〔英〕约斯特·房龙编著《风险社会及其超越:社会理论的关键议题》,赵延东、马缨等编译,北京出版社2005年版,第60—64页。

大的体系，如《防震减灾法》《安全生产法》《环境保护法》《食品安全法》等。依据这些法律，我国建立起了庞大的风险规制体系，设立各种专业性的风险规制机构，例如环境保护部门、食品药品监督部门、质量监督部门、检验检疫部门等，通过制定规章等手段、创设各种规则、发布命令、制定标准、行政指导、经济激励、行政许可、信息披露、保险机制等来消除和控制公共风险。公共风险规制是一种面向未来的管理行为，其涉及的公民之间和群体之间的关系表现出高度的复杂性、情景依赖性和不确定性，加之存在各种各样的行政规制部门和规制活动，使得规制机构、公众以及规制立法机构之间的关系也更为复杂。

上述复杂性主要表现为目前分割化的风险规制存在的规制冲突、资源配置效率偏低、引发公众不信任等负面问题，因此需要进行规制改革，通过设立集中化、协调性的公共风险行政组织，整合碎片化规制模式，推进公共规制，提升公共安全管理效能。考虑在国家层面设置具有跨机构协调权限的风险信息和规制事务办公室、风险管理和预算办公室等特别机构，其特别意义在于：一是集中化、协调性的公共风险行政组织可以有效解决目前风险规制决策冲突问题，这样的组织可以接触到范围广泛的不同规制项目，从而使得那些不为人熟知的新项目和传统的削减风险项目一道被纳入决策议程，有助于确定不同规制项目之间及同一项目内部不同活动之间的优先次序，加强不同项目之间的协调，导向健康或安全的总体改进，换言之，这可以为重新配置、转移或整合公共风险资源发挥更为有效的作用。二是风险规制需要收集和分析大量的信息，既是基于科学预测的管理，又离不开对公众主观认知的考量，集中化的公共风险组织可以统一对科学和公众知识进行整合式的有效回应，确保行政机关对当下科学知识和不同社会群体的需求全盘进行考量，进而审慎地作出规制决定，使政策根据知识的增进不断反思调整，并且在这一过程中通过双向回应，有利于增强公众对风险规制的信任和权威服从,并吸引公众参与风险规制活动,进而在全社会范围内整体式推进反思理性。这就意味着在公共风险规制背景下,公共安全法治化应以公共风险行政建设为重点,既应赋予行政机构更多的风险规制权力,同时强化风险行政在法制轨道内进行;同时,公众是风险规制的重要参与力量,应积极推进公共安全法治的社会化建设,逐步实现公共风险"规治",提升公众的风险意识和公共安全价值,来助推反思理性的生成。

2. 细化和完善风险所有权权利,强化公共安全合作关系

(1) 赋予风险所有者风险占有、使用、处置以及收益等权利。风险占有权的第一个权利内容是风险信息占有权,也在整个风险所有权权利谱中处在基本权利位置。风险占有权的第二个权利内容是风险资源占有权。风险资源占有权同风险信息占有权密切关联,它指风险信息获取的资源渠道。风险资源占有权主要依赖公共途径,公众倾向于共享风险占有权,使其发展为一项公共性权利。同时,风险占有权的赋予应是一种实质性的获得,充分的风险占有权是一项实质性权利,包括对风险信息的实质性占有权利和对风险资源的实质性占有权利。风险使用权是风险主体依据风险属性、可管理性特征以及可用于配置的风险资源等选择适宜的管理策略以实现对公共安全合理和有效管理的权利。风险使用权体现为主体关于风险信息及其风险资源的计划或决策权利,实质为风险主体对风险占有权高效行使的结果。风险处置权是指主体依据风险占有权、使用权对公共安全进行管理的权利,其权利内容指向具体的管理职能、管理活动和管理行为。风险收益权的核心部分是公共安全收益权,它是全部风险主体共享的公共所有权。同时公共安全收益权具有正外部性和溢出效应,具体又有市场的、社会的以及政府的风险所有权收益。风险所有权四项基本权能之间是相互关联的,因此在权利赋予上缺一不可。

(2) 强化对预防权、应对权、恢复权的认识。一方面,"预防—

应对—恢复"风险所有权权利形态的划分,与风险演化的客观事实相关;另一方面,三者有不同的风险收益,其一般收益关系为:预防收益权＞应对收益权＞恢复受益权。依据收益关系对风险所有权权利进行细化和合理配置资源,可获得更多的风险所有权收益,实现更高水平的公共安全。

(3)细化通用性权利和专用性权利。通用性权利包括风险信息占有权和风险使用权,细化应面向整体的风险所有权权利形态进行,风险信息涵盖风险、突发事件以及危机,风险计划决策应通盘考虑三者之间的关系。专用性权利包括风险资源占有权、处置权和收益权,细化应具体面向预防权、应对权和恢复权进行,列出专用性权利清单。

(4)强化所有者之间的公共安全合作关系。在风险占有权方面,强化政府和公众之间在风险信息和资源上的公共共享;在风险使用权方面,吸收社会和公众参与风险计划和决策活动;在风险收益权方面,市场、社会以及政府等主体除重视各自风险所有权收益外,应强化公共所有权收益;在风险处置权方面,应注意通过降低参与成本、增加参与收益来扩大社会和公众的参与。

3. 预测风险、所有者以及所有权的动态变化,主动调适和完善现有治理政策

(1)站在风险社会的战略高度,将风险职能作为构建政府全面管理职能的导向和进路,在原有的常规职能基础上拓展风险职能。现阶段我国的公共安全管理仍然是以应急管理为核心,离全面安全管理尚有距离。从结构—功能理论分析其原因,是功能限制了体制结构转型空间。体制结构通过机构设置和权威提升的调整带来理顺体制运行关系的可能,而功能调整则能够为整体网络发展和升级提供支撑,灾害管理体制结构与功能之间关系的处理影响着体制变迁效应发挥。当前,以应急响应为主的灾害管理体制功能并未被突破,大量组织功能与目标设计仍然依托应急响应关系来建构,"重应急、轻风险"的管

理倾向使得在非应急响应阶段存在功能发展迟滞现象，不利于地方政府灾害管理功能向全周期管理延展。因此，突出风险情境并将风险职能的建构作为功能调整的切入点，有利于推进现有体制结构向全面公共安全管理转变。

（2）建立风险所有权制度，考虑将风险职能法定化为风险所有权权利，基本的有风险占有权、使用权、处置权和收益权四项权能，并可在权利形态和权利层次两个方向上细化所有权权利，以完善风险职能的具体内容；另外，风险所有权权利整合为政府、市场和社会层面上，即法定化政府的风险所有权权利、市场的风险所有权权利、社会的风险所有权权利，以利于开展公共安全合作。

（3）在法定化风险职能以后，加强政府、市场和社会主体之间的公共安全合作。主要形式为政府通过风险再分配职能提供制度化资源，对市场和社会主体进行能促以强化其风险能力，市场和社会主体也主动寻求风险能力拓展资源，并与政府协同、积极发挥自身作用。具体而言：

一是政府应面向全社会供给基本公共风险服务，努力实现基本公共风险服务均等化。包括三个方面：

第一，提供防灾基础设施服务。城市生命线系统、防灾设施系统、环境保护系统以及科教文卫服务性设施等是重要的防灾实物。一方面，强化对已建成基础设施系统的保障，更新基础设施老化风险、减除基础设施的功能障碍，保障其防灾服务能力；另一方面，新建基础设施应充分注重提升弹性和缩减成本，把城市微循环作为防灾实物服务优化的原则和方向，以最小的成本最大化挖掘防灾服务能力。

第二，提供防灾基础管理服务。公共安全管理的体制、机制、法制、公共政策、科学技术等内容是基础性的风险管理服务。增强风险管理的服务功能，要相应充实这些内容。以机制为例，当前缺乏有效的风险管理协调机制，应急管理提供突发态中的管理机制，常态管理是一种稳定态的管理模式，两者都还不能有效适应风险态中的管理需求。应以风险服务为导向，面向风险健全和优化现有管理体制、机制、法制以及公共政策等，从提供应急行政转向公共风险行政。

第三，提供防灾基本救济服务。目前我国已经建立起比较完善的灾害救助制度，灾害救助是国家或社会对因灾造成生存危机的社会成员进行抢救和援助，为灾民提供衣、食、住、行、医疗等基本生活资料，维持其最低生活水平并使其脱离灾难和危险的重要的社会保障制度。但是灾害救助主要是一种事后临时救助制度，功能较为有限，因此有必要面向风险提供救济服务，即提供基本的公共保险服务。目前发达国家已经普遍建立起巨灾公共保险，在减少和预防巨灾损失方面发挥了积极作用。我国应加快建设巨灾保险，为社会公众提供基本公共保险服务。戴维·莫斯在对美国的公共灾害保险研究后认为，基于大范围分散的保险的精妙之处，是在它面对巨灾时可以形成一个关于资源再分配的集体决定。[①] 这种大范围的分散，志愿地组织起来，从一个社会的观点来看具有超常的吸引力，因为它意味着我们所有人已经同意将资源提供给最终需要的人。理想的，这样一种分配可以通过市场保险来实现，但在面临巨灾公共安全问题时，灾难性的后果使其变得不可通过民间市场进行保险，需要政府介入公共保险供给。政策制定者有能力效仿民间市场的做法，提供公共灾害保险。这有两方面的原因：其一是比起在一个大灾害之后靠领取可能的公共或民间的援助为主，大多数公民将更愿意购买公共保险；其二是一个真正的公共保险将向公共灾害政策增添一个更大程度的个人责任，要求公民面对公共灾害时提前购买保险，而不只是后来期望政府的事后救济。一方面减少日益增加的灾害救济援助的公共财政支出；另一方面激励人们意识到公共安全问题，减少风险的生产。

---

[①] ［美］戴维·莫斯：《别无他法——作为终极管理者的政府》，何平译，人民出版社2014年版，第310—320页。

二是市场提供风险保险服务和公共风险产品服务。市场中的保险、应急资本、巨灾债券、福利彩票等具有风险保险服务功能，其功能发挥依赖于市场机制的完善。因此，赋予市场风险职能，应把创新风险管理市场作为关键性措施。一方面，扩大保险等传统风险转移工具的风险容量，突出在减低城市风险损失中的杠杆效应，提升保险风险分散和保障能力。20世纪90年代以来，国际上出现新一轮风险管理机制的运动浪潮，表现为复合风险产品、应急资本工具、证券化和保险衍生金融工具等ART市场的快速兴起，目前与智力资产、恐怖主义、复杂财务现象、复杂责任诉讼、非流动性、网络犯罪等相关的城市风险，已借助ART市场获得一些解决方案。[①] 另一方面，通过完善价格机制、竞争机制等使市场主体高效回应公共安全社会保障需求，为公众提供多样化的公共风险产品和服务。

三是社会参与公共安全治理，实现公共风险服务社会化。近年来，我国高度重视公共安全管理社会化工作，初步形成了"党委领导、政府主导、社会参与、优势互补、协同配合"的公共安全治理体系，全社会公共安全意识和自救互救能力普遍提升，各类社会组织在公共安全管理中的作用不断增强。但是与发达国家相比，与当前我国当前复杂的公共安全形势相比，公共安全管理社会化工作总体水平还不高，基层公共安全应对能力还比较薄弱，公众公共安全意识和自我保护能力不强。因此，强化社会风险职能有两条基本进路：一条进路是强化人力资本的风险能力，有经验的灾害救援队伍、热心的志愿者队伍、有专业技术的风险管理研究机构或组织、有公共责任心的公众、有高度风险教育程度的公民等都是提供风险服务的重要人力资本。人力资本具有强大的、可持续的、永不衰竭的风险服务能力，又是当前开发和利用严重不足的服务资本。应注意保护人力资本，特别

---

① [美] 埃里克·班克斯：《新兴风险转移》，丁友刚等译，东北财经大学出版社2008年版，第47页。

是那些服务能力较弱的、在风险中容易暴露的部分。重视开发人力资本，根据不同类别人力资本的特点，提供参与风险服务的不同渠道。另一条进路是，运用社会资本风险服务机制，协调社会风险职能。社会资本服务机制包括了各种社会规范、社会关系、社会信仰、社会信任、社会心理、社会价值、社会文化等。良好的社会资本在风险服务中提供强大社会韧性，一方面社会中的个体或群体可通过社会资本获得风险管理的资源，提升自己的风险抵御能力，比如灾害前的邻里守望、灾害中的互救、灾后重建中的互助等；另一方面，社会资本还能为个体或群体提供"本体安全"，提供心理和勇气上的支撑，在事故发生后可以快速实现社会公共心理恢复。

## 第二节 风险所有权的工具

### 一 公共安全管理中的风险所有权实践

本节考察美国当前公共安全管理的发展实践。2005年卡特里娜飓风是美国当今公共安全管理新的变革的推动力之一。2006年10月4日，美国总统布什签署的《后"卡特里娜"应急管理改革法》的第652条明确指出，需要年度的国家应急准备报告来评估全国应急准备工作，在联邦法律上确认了准备工作是美国应急管理体系的重要内容。2007年9月，美国联邦政府根据《后"卡特里娜"应急管理改革法》，制订完成了《全国准备指南》，这些都为美国公共安全管理的重构奠定了政策性基础。2011年3月11日发生的东日本大地震对美国社会产生了强烈震动，美国参议院迅速召开了专门听证会，考虑如何应对类似的重大特大突发事件风险。2011年3月30日，美国总统奥巴马签发的《总统政策第8号指令》（以下简称PPD-8）取代了《总统国土安全政策指令（HSPD-8）》，旨在应对美国面临的国内综合性公共安全问题，其应对的内容包括恐怖主义行动、网络攻击、流行病和严重自然灾害的威胁,强调需要建立和维持必要的应急管理能力,以应对造成最大危险的公共安全威胁。PPD-8的出台成为美国公共安全管理变革的分水岭,PPD-8以后美国联邦政府强势启动了新一轮的应急管理规程体系建设工作,明确了以全社会公共安全管理能力建设为核心。风险所有权工具在新的国家公共安全管理中的实践体现具体有五个方面。

(一)风险所有者:全社会参与

美国提出"全社会型"概念(All of Nation/ Whole Community)。"全社会参与"的理念实际上是美国政府从治理的最基础方面来思考加强应急管理工作,它涵盖各种不同类型的社区,既包括不同地点、兴趣、信仰、环境的社区,也包括地理上的和虚拟中的社区。从实际来看,它是对以往美国应急管理工作的深刻总结。《全国应急准备系统》中指出,国家应急准备系统的力量依赖于如何确保整个社会有机会参与实现国家安全和抗逆力的目标。一方面,明确界定了概念,全社会参与是指一种包括居民、应急管理实际工作者、组织和社区领导者,以及政府官员能够共同理解和评估各自社区的需求,并决定用最好的方法来组织和保护他们财产、能力和兴趣的方式;另一方面,明确界定了具体的参与主体,全社会参与的主体既包括个体和家庭,也包括以信仰为基础的社区组织、非营利组织、学校和研究机构、媒体,还包括联邦政府、州政府、地方政府、部落政府、领地等在内的政府,并将其落实在具体的公共安全管理政策中。从美国公共安全管理的这一实践特点分析来看,风险所有权的管理思想体现较为明晰,强调全社会的参与实际上使得各个社会主体都具备风险所有者的身份。

(二)风险所有权权利:以公共安全保障能力为核心

美国政府把"能力"(capability)作为建构应急管理体系的一个核心术语。能力提供了从特定情况下的一个或多个关键任务绩效到绩效目标领域中实现一种使命或功能的途径。美国联邦政府 2011 年发布的《全国准备目标》中明确指出，目标中所包含的核心能力是成功的关键因素，这些核心能力之间相互高度依赖，要求政府使用既有网络和活动，加强培训和演练，促进应急管理工作创新，并确保行政、财政和后勤保障系统各就各位，以对这些目标能力提供强有力支持。同时，核心能力可以为美国应急准备时的资源分配提供指导；为当前和将来的年度预算计划和决策，以及资源分配方案提供支撑，并有助于掌握全国应急准备的进展。这里提出构建公共安全管理能力，并依据能力进行资源配置，实际上是运用风险所有权权利的思想体现。

（三）风险所有权权利形态：依据公共安全周期建立能力分类

从 2011 年开始，美国联邦政府陆续发布《全国准备目标》《全国准备系统》，并将原《全国响应框架》细分充实为预防、保护、减灾、响应、恢复五个具体规划框架，并明确每一框架的核心能力、管理主体责任、关系协调机制等，依据能力配置管理资源。实际上，这使得公共安全管理内容从过去的四阶段扩展到预防、保护、减缓、应对、恢复五个阶段的生命周期。

具体而言，预防阶段主要是防范、避免或阻止各种威胁或实际恐怖活动；保护阶段是通过保护美国的利益、信仰和生活方式，保护其公民、居民、来访者和资产不受威胁和灾害的影响；减缓阶段是通过减轻未来灾害影响以减少生命和财产的损失；应对阶段是巨灾发生后能快速应对、挽救生命、保护财产和环境，并满足基本的人类生存需求；恢复阶段是及时恢复、加强和重建受巨灾影响的基础设施、房屋和可持续的经济，以及健康社会、文化、历史和环境。

各阶段的适应性能力配置上，第一是提出适用于各阶段的通用能力，主要包含计划、公共信息和预警、协调三项通用能力。第二是划分与各阶段相适应的能力。(1) 预防阶段：包括取证与归因，情报与信息共享，封锁与中断，监控、搜索与侦测等；(2) 保护阶段：包括进入控制和身份确认，网络安全情报和信息共享，封锁与中断，物理保护措施，保护项目和活动的风险管理，监控、搜索和侦测，供应完整性和安全等；（3）减缓阶段包括社区减灾、长期脆弱性减灾、风险和抗逆力评估、威胁和危害确认等；（4）响应阶段：包括关键交通，环境响应，健康和安全，遗体处理服务，基础设施系统，大规模人员照顾服务，大规模搜索和救援行动，现场安全和保护，操作沟通，公共、私人服务和资源，公共健康和医疗服务，情势评估等；（5）恢复阶段：领域包括经济恢复，健康和社会服务，住房，基础设施系统，自然和文化资源等。

在设定公共安全管理能力后，进一步明确按照公共安全生命周期对能力进行划分，并分为通用性和非通用性能力，这与风险所有权权利形态相类似。在通用权利上，除了公共信息权利和风险计划权利外，还增加了协调的权利。而专用性权利方面，主要是对风险资源占有权和处置权进行了详细分类。如在资源方面，保护阶段有物理保护措施，减缓阶段是各类具有减灾性功能的资源，应对阶段包括关键交通、健康和安全、遗体处理服务、基础设施系统、大规模人员照顾服务、公共与私人服务和资源、公共健康和医疗服务等，恢复阶段则主要是健康和社会服务资源、文化资源等。在处置权方面，各阶段的具体子权利不同：预防阶段包括了取证与归因、封锁与中断、监控、搜索与侦测等，保护阶段有进入控制和身份确认、封锁与中断、物理保护措施、保护项目和活动的风险管理、监控搜索和侦测、供应完整性和安全等，减缓阶段则有风险和抗逆力评估、威胁和危害确认等，应对阶段包括环境响应、大规模搜索和救援行动、现场安全和保护、操作沟通、情势评估等，恢复阶段是经济恢复、住房恢复、基础设施系统恢复等。另外，与基本的风险预防权、应对权和恢复权相比，这里对预防权又进一步细分为预防、保护和减缓三个阶段的权利形态。

（四）风险所有权关系：构建公共安全关系协调机制

公共安全管理中，美国州与州、州内部的地方政府建立了应急协调、互助机制,基本实现了临近区域的资源共享,能够保证在尽量短的时间内开展相互支援,促进在尽可能早的时间内拯救生命,减轻公众的损失。美国联邦政府发布的《全国预防框架》《全国保护框架》《全国减除框架》《全国响应框架》《全国恢复框架》五个框架,都提出构建全国层面和地方层面、适用于各阶段的通用协调机制和专用协调机制。各《框架》文件内容包括:(1)引言:该框架的目的和功能;(2)范围:面对的风险、使用对象、工作原则、与其他框架的关系;(3)角色与职责:公民、社区、民间机构、地方政府、联邦政府部门、总统等在这一领域的职责;(4)核心能力:在该框架领域培育相关核心能力的要求;(5)协调机制:界定全国层面协调机制和地方层面协调机制;(6)开发操作预案的指南:对开发各层级操作方案提出要求和建议;(7)框架维护与复审规定。这里运用公共安全协调机制建构多元参与主体之间的风险所有权关系。按照适用性对机制进行分类,同时这些机制通过协调政府、社会、社区、公众等主体之间关系,使其能在各个层面上开展合作。

(五)风险所有权变化:动态调适公共安全保障能力

美国联邦政府从 2011 年开始至今连续每年发布《全国应急准备报告》。该报告概括了实现目标中所规定的建设、支持和提供核心能力的进度,对能力的准备情况进行量化分析,来评估工作的进展,定期总结和改进在应急管理体系建设中的突出问题,在制度上确保了应急管理体系的重构能够顺利进行。这里对公共安全能力不断进行调适,体现了动态完善风险所有权。

## 二 风险所有权工具的实施方法

如果说上述是风险所有权工具在公共安全管理中的思想体现和静态视角,那么从美国公共安全管理能力实施过程观察风险所有权工具的具体运用,是一种动态的视角,有利于进一步认识这一管理工具如何运用并取得积极成效。美国《全国准备系统》是构建公共安全管理能力的指导性规程。国家准备系统是用来建造、维持并实现预防、保护、减除、响应和恢复五个领域中的核心能力水平的新的工具和流程，以达到建立一个安全的和有防御能力的国家的目标。用于支持国家准备系统各个部分的指导、程序、流程和系统能够让人们制定一种协调的、适应全社会的国家准备方法，让个人、家庭、社区、私人和非营利组织、各级政府都能参与进来。国家准备系统包括：识别和风险评估、估计能力需求、构建和维持能力、计划实施能力、验证能力、评估更新六个基本流程。笔者认为这一套流程较为明确地阐述了风险所有权工具的实施过程和方法参考。

（一）生成阶段的实施方法

将识别和风险评估作为流程的第一步骤，即以风险作为对象来构建风险所有权；估计能力需求，依据风险对所有权权利进行规定和规范；构建和维持能力，在明确风险所有权权利后，为风险所有权工具实施配置资源。这三种方法是有关生成阶段风险所有权的实施方法，即以风险为导向、明确风险所有者权利并对其进行资源赋权。

一是识别和风险评估，以风险为导向。培养并保持对社区和国家面临的各种危险的认识是十分必要的。风险评估包括威胁和危害的信息，也包括对后果或影响的预测。美国当前正在开发的威胁和危害识别和风险评估（THIRA）指导，其能提供通用的、一致的方法来识别、评估风险及相关的影响。THIRA指导详细阐述危害识别和风险评估的现状，使用THIRA过程能将威胁整合到风险评估的过程。为了使其更有效，THIRA过程需要整个社区参与信息分享，解释人口特定因素，以及理解一个威胁或危害的初始和连锁效应。在国家层面，国家战略风险评估（SNRA）分析的是对国家最大的风险。这种分析有助于对各种各样的威胁、危害和国家面临的挑战以及明显的长期风险的趋势的共同理解。SNRA将继续被完善并将整合来自全社会的信息。

SNRA 的结果将用于在国家层面的优先准备活动和在各个级别政府的风险评估工作。这样，THIRA、SNRA、专业的风险评估，三者结合在一起提供一个国家所面临风险的完整蓝图。这幅蓝图将覆盖各种各样的威胁和危险，从社区每天面对的事件到那些将会威胁整个国家核心能力的罕见事件都有涉及。再加上社区建立的预期效果，这种组合对各级政府有效评估他们处置威胁所需的能力是至关重要的。

二是估计能力需求，生成所有权权利。为了充分理解处理风险所需能力的水平，每个社区、组织和各级政府必须考虑他们可能面对的单一威胁或危害以及全面的风险。如果在每个任务领域的预期效果之下使用风险评估结果，那么应对风险所需能力的种类及层次将能够加以评估。发展一系列的规划指标将是评估过程的开端。规划指标是基于风险的评估和预期效果来实现的。美国规划指标可以从规模和范围上被改变，以适应涉及多个管辖区、州、地区或整个国家的更大、更复杂的事件影响。规划指标帮助辨明实现它的能力层次和需要的资源。社区可以通过真实的事件、评估和演练的反映来检查当前的能力层次，并确定改变当前的能力层次是否合理。比较当前能力层次和所需能力层次的过程将能够表明社区可能存在的差距和不足。对各个级别的政府来说，能力估计过程都将使用规划指标来建立相关能力的目标水平。这也帮助识别实现目标需要的资源。通过协助识别这些需求，该过程也帮助使用者关注他们将如何建立和维持所需的能力层次。

三是构建和维持能力，生成所有权能力。在完成评估过程后，现有的和需要的能力能够被加以分析并且明确存在的差距。在整合了预想效果、风险评估和未处理漏洞的潜在影响之后，这些漏洞能够被优化补足。规划者、政府官员和领导人通过合作可以制定策略来有效地分配资源，以及利用可用的援助减少风险。这些策略应考虑到，为了实现国家准备目标，如何在维持当前能力层次的同时也能补足差距。

在给定的资金循环之内，并不是所有的能力都能实现，政府人员必须优化这些能力去最有效地确保安全性和韧性，同时要明白已识别的没有处理缺陷的影响。构建和维持能力需要整合组织资源、装备、培训和教育。当然这其中，赠款和技术援助也能够用于支持构建和维持能力。也要通过将平衡个人、社区、私人和非营利组织、以信仰为基础的组织和各级政府的专业知识和能力的合理搭配，以达到发现、连接、和加强社区资源利用的目的。国家准备系统的执行者可以选择使用互助协议来补足差距，或者与合作伙伴共同发展区域能力。最后，国家准备系统的执行者也可能需要依靠其他级别的政府的能力去补足差距，在这种情况下，要在需要借助其他能力之前加以沟通。

（二）复合阶段的实施方法

计划实施能力，是关于所有者之间开展公共安全合作的问题，制定协调机制以保证其对所有者之间合作关系的协调性和适用性，这是复合阶段风险所有权的实施方法。

社区层面上有减少风险的规划。但跨社区、跨区域的风险将会是一项复杂的、涉及很多处理灾难合作者的工作。因而，通过由整个社区探寻潜在的危机，判断要求的能力，处理在风险评估过程中清楚认识到的风险因子集合，从而在国家层面上形成一个国家公共安全规划体系。

首先是国家风险所有权。国家规划系统将支持国家准备目标中表明的核心能力的履行。一系列国家框架将会被协调发展。每种框架将由一个联邦机构之间的工作计划加以支撑。为了履行每个联邦政府框架下的能力，这项计划需提供一个详细的操作说明：比如对关键任务和职责的阐述说明，详细的资源、人员和采购需求，以及其他特殊的条款。这样，联邦政府将如何支持州、地方、部落和地方的计划也可以由此得到解答方案。在这个框架和跨部门的计划之下，根据需要，每个联邦行政部门和机构将制定和维护运作计划以达到能力水平需求、完成职责。

其次是社区风险所有权。社区框架关注的是整个社区如何履行在五个任务领域的能力。每个框架需描述协调结构、关键角色的定位和整个社区的责任,并且需要被整合以确保所有任务领域之间的相互可操作性。

(三) 迭代阶段的实施方法

验证能力以及评估和更新,是有关风险所有权权利更新的问题,这是迭代阶段风险所有权的实施方法。

一是验证能力,进行风险所有权实践。演练是用来测试和验证计划和能力的。一个有效的和全面的演练计划对成功实现国家准备系统是必不可少的。在这个计划中,应包含整个社区参与在内的合作型的活动。通过突出的优点和暴露的缺点,演练促进在验证和评估国家准备目标的方面能力的提高。国家演练项目(NEP)作为主要演练的机制,可以检查国家准备和检测预备状态。此外,众多的 NEP 之外的演练可以用来评估和验证组织、机构和司法辖区的能力。例如,企业测试他们用来维持在紧急情况期间的供应链的能力,政府测试他们保护设施或实施消防和进行救援行动的能力。全面评估系统(CAS)用来检验和监测整个社区项目的进展情况,CAS 的目的包括辨识目标能力和检测绩效,在能力方面系统地收集和分析数据,报告构建和维持所需能力层次的进展情况等。

二是评估和更新能力,进行风险所有权更新。国家准备系统的组成部分被运用后,国家的安全与韧性将得以加强。社区的暴露性和灵敏性的改变能够发生。然而不能确定的是,这种改变是否是因为威胁和危险的演变、基础设施的老化、人口的转移或是自然环境的变化。因此在循环的基础之上,能力、资源和计划需要加以审查,以确定他们是否相互关联或需要更新。审查基于当前的风险评估,利用在验证过程收集的信息。审查提供一种检测准备分析,确定优先顺序,指导准备行动，校准目标和目的，密切监控影响国家准备的主要项目的方法，优化风险所有权的实施。

## 小　结

本章从应用层面探讨了风险所有权作为管理工具的政策功能和实施方法。在政策功能上，首先，风险所有权的三要素概念模型可使管理者在公共安全问题流上同时关注风险、所有者以及管理过程三个基本问题，由此提供了一个综合性的公共安全问题分析框架。其次，风险所有权揭示公共安全治理的内部机理、外部机理和互动机理，可从三种基本机理出发设计公共安全治理政策，具体政策建议为：聚焦公共安全治理社会化和法治化，创设反思理性生成的基本条件；细化和完善风险所有权权利，强化公共安全合作关系；预测风险、所有者以及所有权的动态变化，主动调适和完善现有治理政策。在工具实践上，采用示范案例方法，第一，从风险所有权、风险所有权权利、风险所有权权利形态、风险所有权关系、风险所有权变化五个方面分析了风险所有权在美国公共安全管理实践中的具体体现。第二，从生成阶段、复合阶段、迭代阶段探讨了风险所有权工具实施的六种基本方法：生成阶段的方法包括识别和风险评估、估计能力需求、构建和维持能力；复合阶段的实施方法为计划实施能力；迭代阶段的实施方法包括验证能力、评估和更新能力。

# 结　语

## 一　主要研究结论

本书以"公共安全视域下的风险所有权及其治理机理"为主题，站在公共安全管理关系层面，尝试运用风险所有权这样一种新的概念工具来开展公共安全治理研究。综合运用文献分析法、理论论证与案例分析相结合等研究方法，通过风险所有权概念和演化模型构建，阐述风险所有权演化机理，在此基础上揭示了公共安全治理的内部机理、外部机理和互动机理。主要研究结论如下：

（1）在风险社会公共安全视域下，风险所有权概念重构的基本内涵指风险所有权是风险社会意义下多个社会主体在公共安全管理中的责任形态，是一种以责任为基础的权利导向的新型责任框架。从所有权内容看，风险管理活动、管理行为或管理过程体现为风险占有权、使用权、处置权、收益权等所有权权利；从所有权关系看，风险所有权关系表现为公共安全权利导向和公共安全合作的权利性管理关系。

（2）风险所有权演化基本模型由"风险—所有者—所有权"三个演化维度、"生成—复合—迭代"三个演化阶段构成。三个演化维度区分为风险维度、所有者维度以及所有权维度。三个演化阶段分别为风险所有权的生成阶段复合阶段、迭代阶段。其中，生成阶段是一种内部性过程，复合阶段是一种外部性过程，迭代阶段是由内部迭代和外部迭代共同组成的动态过程。风险所有权演化过程中，同一维度在不同阶段上的演化特点不同，不同维度在同一阶段上的演化特点也存在区别。

（3）从风险所有权的演化机理来分析公共安全治理机理，研究认为公共安全治理机理由内部机理、外部机理和互动机理构成，其中内部机理表现为所有权维度的风险所有权生成，外部机理表现为所有权维度的风险所有权复合，互动机理表现为风险所有权迭代。基于公共安全治理的三种基本机理，可为科学设计公共安全治理政策提供原理指导。

## 二　主要研究创新

本书主要创新之处有以下三个方面：

第一，重构了风险所有权概念，为开展公共安全研究提供新的概念视角。在总结风险所有权现有定义及其不足的基础上，引入风险社会理论和反思理性假设，重构其内涵，拓展了这一概念的适用范围，使风险所有权成为研究公共安全的一个重要概念视角。

第二，构建了风险所有权演化基本模型，从"风险—所有者—所有权"三个演化维度、"生成—复合—迭代"三个演化阶段分析其演化机理，并从内部、外部和动态视角进行透视和考察，使其成为比较完整的分析模型。

第三，运用风险所有权的演化机理分析公共安全治理的基本机理，指出了公共安全治理的内部机理、外部机理和互动机理，并据此提出了公共安全治理政策设计的基本原理和政策方向，使风险所有权成为公共安全管理的备择工具。

## 三　研究展望

风险所有权是公共安全领域的一个新生概念和新兴研究领域。目前学界关注较少，有关研究多是理论上的提议、畅想或初步的描述。

本书对风险所有权的学理建构和实践分析也只是初步的，研究还有许多未尽之处。比如对风险所有权相关基础理论分析得深度和广度有限，风险所有权概念模型的建构仍是框架性的，风险所有权的工具实践有待进一步考察等。

但同时我们看到，风险所有权的研究具有十分重要的学术价值和实践意义。风险社会学家和公共安全学界的有关论述指出，我们已经进入风险社会。而风险所有权正是在风险社会情境下讨论的一个学术概念，对于我们研究风险社会公共安全管理理论与实践具有适宜性。而从理论和实践的自身发展情况看，风险所有权也是公共安全管理进入风险社会绕避不开要讨论的基本理论问题和现实问题。风险所有权是一个复杂概念，笔者越是研究越发现其具有很强的理论张力。展望未来研究，有很多方面值得我们继续探索，本书仅列举几个关键性的问题，供研究者参考指正。

一是关于风险所有权复杂演化模型及演化机理的研究构建。分类和分级管理是风险管理的两个基本原则。笔者侧重从分类的方向论述了风险所有权的演化。如在风险维度方面讨论人为风险和外在风险的区别，在所有者维度方面从主体职能分工视角来讨论风险的分类应对，在所有权维度方面则是依据风险划定所有权权利、形态、层次。这种演化具有静态性。风险所有权事实上还随着风险的级别、主体的不同层级、不同社会阶层对风险所有权权利的认识等在变化，这种演化则具有动态性。同时，动态演化特点规律的揭示也更为复杂。但有必要从静态和动态两个视角构建风险所有权的完整演化模型。

二是从管理学上探讨，风险所有权是否可统合传统公共安全管理和现代公共安全治理。如果风险所有权是公共安全管理关系的一种理论概括，那么风险所有权是不是就可以统合传统公共安全管理和公共安全治理，在两者之间搭建起桥梁，为我们认识从管理到治理的转变提供新的视角。

## 结 语

三是风险所有权如何在公共风险管理中体现工具价值。如果从广义的角度理解风险所有权,将风险所有权的三种定义有机整合起来,可建立传统公共安全管理和现代公共安全治理的连接桥梁。如此,风险所有权的工具价值是不是就可以在公共安全管理的全范围中尝试进行讨论,以明确在实践中如何切入该工具。

四是关于风险所有权制度的建构问题。风险所有权是否适合在法学上展开。是否能探索构建中国特色社会主义风险所有权制度,从而极大地完善公共安全治理,推动构建高水平的公共安全。

五是风险所有权是否适合在经济学上展开。比如风险所有权交易是否可行?笔者做过一些思考,比如认为风险所有权交易可以是一种或几种权能进行让渡,也可以是整体进行让渡。风险所有权的所有者虽然也可分为让渡方和受让方,但与一般的交易不同,由于风险是有关损害或负面影响的特殊物,风险所有权让渡方要进行付费,受让方则获得支付。风险所有权让渡有市场、社会以及行政三种基本的机制。公众向市场让渡风险所有权,一般是收费的形式,其实质体现为我们所熟悉的购买保险、风险分散产品、风险咨询服务等活动;公众向社会让渡风险所有权,有收费和免费两种形式,体现为社会组织免费提供给风险服务或仅需较低的收费;公众向政府让渡风险所有权,一般是免费的形式,其实质体现为我们所熟悉的由政府提供基本公共风险服务,而反过来如果政府让公众参与风险管理、承担一定的风险责任,那么就应该以补贴或者减税的形式鼓励他们参与,也可以用罚款等形式减少他们的不参与行为。这样,通过以所有者即公众为根基设定风险所有权,公共安全管理体现为在市场和社会基础上,政府如何制定政策培育市场和社会功能,以最大限度地发挥他们的责任。政府则是最终的风险管理者,承担市场和社会无法承担的公共风险。这与过去在政府主导下怎么引入市场和社会进行配合的思路相比,是一种自下而上和自上而下相结合的管理模式,比较清晰地体现出公共安全治理的特点。

六是风险所有权的多学科研究。虽然风险所有权是一个全新的概念，但风险和所有权两个概念各自都比较成熟，管理学、经济学、法学、社会学等学科对它们的研究很多，也很深入。从多个学科视角来研究风险所有权，视野和前景十分开阔，有利于推动构建起风险所有权的完整理论。

新领域的研究总是很难，但充满无限创造性和重要的价值。公共安全学术研究自身的发展和全社会对高水平公共安全的美好期盼，使我们充满动力去开拓研究工作。期待公共安全学界以及对风险所有权感兴趣的其他研究者，一起致力推进风险所有权的研究工作。

# 参考文献

### 一　国家领导人论著、讲话

《习近平谈治国理政》第1卷，外文出版社2018年版。

《习近平谈治国理政》第2卷，外文出版社2017年版。

《习近平谈治国理政》第3卷，外文出版社2020年版。

习近平：《牢固树立切实落实安全发展理念　确保广大人民群众生命财产安全》，《人民日报》2015年5月31日第1版。

习近平：《不断提高维护公共安全能力水平　努力建设平安中国》，《人民日报》2015年9月24日第1版。

习近平：《在党的十八届五中全会第二次全体会议上的讲话（节选）》，《求是》2016年第1期。

习近平：《决胜全面建成小康社会　夺取新时代中国特色社会主义伟大胜利——在中国共产党第十九次全国代表大会上的报告》，人民出版社2017年版。

习近平：《充分发挥我国应急管理体系特色和优势　积极推进我国应急管理体系和能力现代化》，《人民日报》2019年12月1日第1版。

习近平：《在全国抗击新冠肺炎疫情表彰大会上的讲话》，《人民日报》2020年9月9日第2版。

习近平：《坚持系统思维构建大安全格局　为建设社会主义现代化国家提供坚强保障》，《人民日报》2020年12月13日第1版。

习近平：《把握新发展阶段，贯彻新发展理念，构建新发展格局》，《求是》2021年第9期。

**二 中文著作**

陈振明等：《公共管理学》（第2版），中国人民大学出版社2017年版。

邓国良：《公共安全危机事件处置研究》，中国人民公安大学出版社2005年版。

邓焕芳、梁晶：《公共安全实践》，陕西人民教育出版社2022年版。

郭广辉等：《我国所有权制度的变迁与重构》，中国检察出版社2005年版。

范维澄等：《公共安全科学导论》，科学出版社2013年版。

郭济：《政府应急管理实务》，中共中央党校出版社2004年版。

何翔舟：《政府管理活动中的风险成本问题实证研究》，中国社会科学出版社2006年版。

洪毅主编：《应急管理国际研讨会论文集》，国家行政学院出版社2014年版。

刘承水：《城市灾害应急管理》，中国建筑工业出版社2009年版。

刘刚编译：《风险规制：德国的理论与实践》，法律出版社2012年版。

梁慧星主编：《中国物权法研究》，法律出版社1998年版。

刘茂等：《城市公共安全——理论方法及应用》，中国石化出版社2014年版。

刘尚希：《公共风险视角下的公共财政》，经济科学出版社2010年版。

蔺楠：《公共风险资本与私人风险资本合作机制研究》，上海财经大学出版社2014年版。

彭万林主编：《民法学》，中国政法大学出版社1994年版。

钱亚梅：《风险社会的责任分配初探》，复旦大学出版社2014年版。

容志：《从分散到整合：特大城市公共安全风险防控机制研究》，上海人民出版社2014年版。

闪淳昌：《公共安全管理研究》，科学出版社2020年版。

闪淳昌、薛澜主编：《应急管理概论》（第二版），高等教育出版社2020年版。

佘廉等：《城市地下空间风险预警管理》，科学出版社2014年版。

佘廉、黄超：《突发事件案例生成理论与方法》，科学出版社2017年版。

沈岿：《风险规制与行政法新发展》，法律出版社2013年版。

唐钧：《政府风险管理：风险社会中的应急管理升级与社会治理转型》，中国人民大学出版社2015年版。

王德迅：《日本危机管理体制研究》，中国社会科学出版社2013年版。

汪光焘主编：《中国城市状况报告（2012/2013）》，外文出版社2014年版。

魏娜、陆志豪：《公共安全理论》，陕西人民教育出版社2022年版。

王凯全：《风险管理与保险》，机械工业出版社2008年版。

王浦劬等：《治理理论与实践：经典议题研究新解》，中央编译出版社2017年版。

卫兴华主编：《市场功能与政府功能组合论》，经济科学出版社1999年版。

夏保成：《美国公共安全管理导论》，当代中国出版社2006年版。

岳红强：《风险社会视域下危险责任制度研究》，法律出版社2016年版。

俞可平主编：《治理与善治》，社会科学文献出版社2000年版。

余凌云：《警察预警与应急机制》，中国人民大学出版社2007年版。

赵成根：《国外大城市危机管理模式研究》，北京大学出版社2006年版。

张海波：《公共安全管理：整合与重构》，生活·读书·新知三联书店

2012年版。

朱岩:《侵权责任法通论》,法律出版社2011年版。

### 三 中文论文

曹安等:《构建"治理与善治"的公共危机治理新模式》,《长春大学学报》2009年第9期。

楚德江:《风险社会的治理困境与政府选择》,《华中科技大学学报》2010年第4期。

程启军:《风险社会中的基层:涉及面、应对力与分担机制》,《学习与实践》2007年第10期。

崔艳武等:《公共风险、社会风险与公共部门风险管理》,《标准科学》2013年第2期。

陈伟:《论公共风险管理理论体系的构建》,《国际经贸探索》2005年第7期。

陈忠:《城市现代性的风险逻辑及其伦理调适——基于城市哲学与城市批判史的研究视角》,《社会科学战线》2014年第6期。

丛玉飞等:《从物质归因到结构归因——城市风险研究范式的一种路径分析》,《前沿》2012年第5期。

陈玎:《公私部门合作中的风险分配:理想、现实与启示》,《公共行政评论》2010年第5期。

董才生:《论吉登斯的信任理论》,《学习探索》2010年第5期。

段伟文:《面向风险社会的公共政策架构》,《求是学刊》2003年第5期。

龚锋:《地方公共安全服务供给效率评估》,《管理世界》2008年第4期。

冯周卓等:《遵循良法善治原则的城市公共安全政策与改进建议》,《城市管理》2016年第3期。

苟君厉：《城市公共安全面临的问题及预防机制》，《中国公共安全》2006年第8期。

郭磊：《美国药品安全体系改革的善治化趋势及其启示》，《中国医药技术与经济管理》2009年第7期。

郭汝等：《我国城市安全研究进展及趋势探讨》，《城市发展研究》2013年第11期。

郭翔、佘廉等：《国外应急管理政策研究述评》，《软科学》2008年第10期。

郭子臣、佘廉：《我国公共服务市场化改革的困境及化解》，《理论月刊》2008年第4期。

龚文娟：《环境风险在人群中的社会空间分配》，《厦门大学学报》2014年第3期。

胡涤非：《非营利组织与政府在应急救灾中的合作机制研究》，《中国应急管理》2011年第2期。

黄丽萍：《我国社会治理中的"内卷化"风险及其规避之道》，《理论导刊》2015年第7期。

胡正光：《风险社会中的正义问题：对风险与风险社会之批判》，《哲学与文化》2003年第11期。

贺新宇：《政府在公共事务领域风险成本研究初探》，《浙江万里学院学报》2005年第4期。

洪毅：《"十三五"时期我国应急管理体系建设的几个重点问题》，《行政管理改革》2015年第8期。

洪毅：《加强政社合作，推进公共安全治理》，《中国应急管理》2014年第10期。

洪毅：《强化风险管理，提高突发事件应对能力》，《中国应急管理》2013年第11期。

洪毅：《全面加强政府应急管理能力建设》，《中国应急管理》2012第

11期。

何哲：《政府边界问题及行政体制改革的基本原则研究》，《北京行政学院学报》2016年第4期。

金太军：《政府公共危机管理失灵：内在机理与消减路径——基于风险社会视域》，《学术月刊》2011年第9期。

蒋珩、佘廉：《全球突发事件应急管理面临的挑战及对策》，《中国应急管理》2007年第4期。

贾英健：《自由、风险与责任——自由的风险生成及超越》，《山东社会科学》2011年第8期。

蓝志勇：《谈中国公共管理话语体系的构建》，《国家行政学院学报》2014年第5期。

卢洪友等：《城市公共安全需求影响因素实证研究》，《经济评论》2011年第2期。

陆继峰：《应急管理碎片化：表现、成因与应对之道》，《山东行政学院学报》2017年第3期。

李明：《突发事件治理话语体系变迁与建构》，《中国行政管理》2017年第8期。

林闽钢等：《灾害救助中的政府与NGO互动模式研究》，《上海行政学院学报》2011年第9期。

李建超：《浅析"财富分配"与"风险分配"中的政府风险》，《华北水利水电学院学报》2008年第2期。

刘秦民：《反思与超越：贝克风险社会思想探究》，《广东社会科学》2012年第5期。

李雪峰：《美国应急管理规程体系建设的启示》，《行政管理改革》2013年第2期。

李友梅：《从财富分配到风险分配：中国社会结构重组的一种新路径》，《社会》2008年第6期。

麻昌华等：《所有权及其内部结构论》，《中南政法学院学报》1996年第1期。

潘斌：《风险分配与气候正义》，《社会科学》2011年第9期。

彭姝：《"风险治理悖论"下的国家自主性审视》，《岭南学刊》2016年第4期。

彭宗峰：《风险社会中的公民再造：反思与出路》，《中南大学学报》2015年第1期。

钱刚毅、佘廉等：《政府的应急执行力研究——一个概念性分析框架》，《管理世界》2010年第7期。

钱洁等：《我国社会公共安全协同供给模式的构建》，《行政论坛》2015年第3期。

沙勇忠、解志元：《论公共危机的协同治理》，《中国行政管理》2010年第4期。

佘廉：《城市综合防灾与地下空间风险预警管理》，《城乡建设》2017年第12期。

佘廉等：《我国灾害应急能力建设的基本思考》《管理世界》2017年第2期。

佘廉、潘毅等：《军地协同处置突发事件应急管理现状及对策》，《武汉理工大学学报》2016年第2期。

佘廉等：《我国巨灾事件应急管理的若干理论问题思考》，《武汉理工大学学报》2008年第4期。

佘廉等：《我国重特大突发事件预警管理的现状和完善研究》，《管理评论》2005年第11期。

陶建钟：《风险社会的秩序困境及其制度逻辑》，《江海学刊》2014年第2期。

陶鹏：《从结构变革到功能再造：政府灾害管理体制变迁的网络分析》，《中国行政管理》2016年第1期。

田凯：《国外治理理论研究：进程与争鸣》，《政治学研究》2015年第6期。

滕五晓：《层级式安全管理的效能衰减及其治理策略》，《社会科学》2012年第4期。

王均等：《合作治理视域中的我国有效应对"风险社会"的理性路径论析》，《天府新论》2011年第4期。

吴爱民：《公共安全：公共管理不可忽视的社会问题》，《行政论坛》2004年第6期。

万昌烨、葛鑫伟：《浅析转型期公共风险的内在规定性》，《广西青年干部学院学报》2008年第6期。

王海明：《公共风险治理格局的转型调整》，《观察与思考》2016年第3期。

王建军：《英国食品安全规制改革中的善治原则》，《太平洋学报》2008年第7期。

吴月：《社会服务内卷化及其发生逻辑：一项经验研究》，《江汉论坛》2015年第6期。

王一星：《风险社会视野下的政府官员问责制再造》，《桂海论丛》2014年第3期。

夏玉珍、吴娅丹：《中国正进入风险社会时代》，《甘肃社会科学》2007年第1期。

徐祖荣：《治理与善治语境下公共危机的多元共治模式》，《华东理工大学学报》2008年第3期。

薛澜：《从更基础的层面推动应急管理——将应急管理体系融入和谐的公共治理框架》，《中国应急管理》2007年第1期。

薛青：《公共安全产品与服务供给机制多元化有效实施的若干思考》，《商业时代》2013年第27期。

杨亮才：《风险与财富：关于风险社会的哲学反思》，《山东社会科学》2014年第3期。

姚伟：《论社会风险不公平》，《长白学刊》2011年第3期。

叶金强：《风险领域理论与侵权法二元规则体系》，《法学研究》2009年第2期。

郁乐：《环境风险分配、传播与认知机制中的道德冲突》，《吉首大学学报》2014年第3期。

杨敏、郑杭生：《个体安全：关于风险社会的一种反思及研究对策》，《思想战线》2007年第4期。

姚庆国：《安全经济学基本问题综述》，《山东社会科学》2004年第12期。

杨雪冬等：《关于构建更加安全和谐的社会的对话》，《当代世界与社会主义》2005年第1期。

杨雪冬：《风险社会中的复合治理与和谐社会》，《探索与争鸣》2007年第2期。

邹焕聪：《公私协力的风险社会理论诠释》，《江西行政学院学报》2014年第3期。

赵宝廷等：《公共品概念的扩展：软品与硬品的一种组合》，《求是学刊》2009年第3期。

赵鹏：《风险社会的自由与安全》，《交大法学》2011年第1期。

张芳洁：《政府公共风险管理效用目标探索》，《山东社会科学》2011年第1期。

张广利等：《论现代风险的扩张与分配及其对风险治理的启示》，《晋阳学刊》2014年第6期。

张海波等：《高风险社会中的公共政策》，《南京师范大学学报》2009年第11期。

张海波等：《中国应急管理结构变化及其理论概化》，《中国社会科学》2015年第3期。

张海波：《风险社会视野中公共管理变革》，《南京大学学报》2017年第4期。

郑杭生等：《中国转型期的社会安全隐患与对策》，《中国人民公安大学学报》2004年第2期。

钟开斌等：《跨界危机的治理困境》，《行政法学研究》2016年第4期。

钟开斌：《统筹发展和安全：理论框架与核心思想》，《行政管理改革》2021年第7期。

张明红、佘廉：《政府应急决策信息有效性研究》，《情报杂志》2016年第1期。

周欣等：《城市公共安全服务的跨界合作机制研究》，《决策咨询》2015年第3期。

钟雯彬：《公共安全产品与服务供给的新秩序模式》，《中国人民公安大学学报》2004年第1期。

中国应急管理研究基地：《欧洲民事安全体系及欧盟在共同危机管理能力建设中的作用》，《中国应急管理》2015年第7期。

陈坚：《现阶段政府要高度重视公共风险的防范》，《联合时报》2012年9月25日第4版。

郝富军：《改善传统城市公共安全管理体系》，《中国社会科学报》2017年4月12日第7版。

沙勇忠、王峥嵘：《公共危机治理的逻辑：走向社会战略》，《中国社会科学报》2014年9月12日第2版。

燕继荣：《"治理"观念下审视中国政治发展》，《学习时报》2005年1月31日第4版。

常艳梅：《城市公共安全评价研究》，硕士学位论文，重庆大学，

2013年。

马光选:《风险分配与制度正义》,博士学位论文,华中师范大学,2013年。

邵薪运:《善治式政府责任研究》,博士学位论文,吉林大学,2012年。

王化楠:《中国整合性巨灾风险管理研究》,博士学位论文,西南财经大学,2013年。

张越:《我国城市公共安全治理问题研究》,硕士学位论文,黑龙江省委党校,2015年。

### 四 中文译著

[英]安东尼·吉登斯:《失控的世界——全球化如何重塑我们的生活》,周红云译,江西人民出版社2001年版。

[美]奥利弗·威廉姆森:《治理机制》,石烁译,机械工业出版社2016年版。

[美]埃里克·班克斯:《新型风险转移》,丁友刚等译,东北财经大学出版社2008年版。

[英]芭芭拉·亚当、[德]乌尔里希·贝克、[英]约斯特·房龙编著:《风险社会及其超越:社会理论的关键议题》,赵延东、马缨等编译,北京出版社2005年版。

[美]彼得·L.伯恩斯坦:《与天为敌:风险探索传奇》,穆瑞年、吴伟、熊学梅译,机械工业出版社2015年版。

[英]彼得·泰勒-顾柏等:《社会不平等与风险》,黄觉译,中国劳动社会保障出版社2010年版。

[英]彼得·泰勒-顾柏编著:《新风险 新福利:欧洲福利国家的转变》,马继森译,中国劳动社会保障出版社2010年版。

[英]保罗·霍普金:《风险管理》(第二版),蔡荣右译,中国铁道

出版社 2014 年版。

［美］戴维·莫斯：《别无他法——作为终极管理者的政府》，何平译，人民出版社 2014 年版。

［美］盖多·卡拉布雷西：《事故的成本——法律与经济的分析》，毕竟悦、陈敏、宋小维译，北京大学出版社 2008 年版。

［英］吉登斯：《超越左与右：激进政治的未来》，李惠斌、杨雪冬译，社会科学文献出版社 2000 年版。

［美］乔治·E. 瑞达：《风险管理与保险原理》（第 11 版），刘春江译，中国人民大学出版社 2015 年版。

［英］克里斯·查普曼、斯蒂芬·沃德：《项目风险管理：过程、技术和洞察力》，李兆玉等译，电子工业出版社 2003 年版。

［德］罗尔夫·斯特博：《德国经济行政法》，苏颖霞等译，中国政法大学出版社 1999 年版。

［美］罗斯科·庞德：《法理学》（第三卷），廖德宇译，法律出版社 2007 年版。

［英］马丁·冯、彼得·杨：《公共部门风险管理》，陈通、梁洁编译，天津大学出版社 2003 年版。

［挪威］马文·拉桑德：《风险评估：理论、方法与应用》，刘一骝译，清华大学出版社 2013 年版。

［德］尼古拉斯·卢曼：《风险社会学》，孙一洲译，广西人民出版社 2020 年版。

［美］斯蒂芬·布雷耶：《打破恶性循环，政府如何有效规制风险》，宋华琳译，法律出版社 2009 年版。

［德］乌尔里希·贝克：《风险社会》，何博闻译，译林出版社 2004 年版。

［英］伊丽莎白·费雪：《风险规制与行政宪政主义》，沈岿译，法律出版社 2012 年版。

[美] 珍妮·X. 卡斯帕森、罗杰·E. 卡斯帕森编著：《风险的社会视野》（上），童蕴芝译，中国劳动社会保障出版社 2010 年版。

[美] 珍妮·X. 卡斯帕森、罗杰·E. 卡斯帕森编著：《风险的社会视野》（下），李楠、何欢译，中国劳动社会保障出版社 2010 年版。

### 五　中译论文

[法] 阿里·卡赞西吉尔：《治理和科学：治理社会与生产知识的市场式模式》，黄纪苏译，《国际社会科学杂志》（中文版）1999 年第 1 期。

[英] 鲍勃·杰索普：《治理的兴起及其失败的风险：以经济发展为例的论述》，漆燕译，《国际社会科学杂志》（中文版）1999 年第 1 期。

[瑞士] 弗朗索瓦—格扎维尔·梅里安：《治理问题与现代福利国家》，肖孝毛译，《国际社会科学杂志》（中文版）1999 年第 1 期。

[英] 格里·斯托克：《作为治理的理论：五个论点》，华夏风译，《国际社会科学杂志》（中文版）1999 年第 1 期。

[英] 卡洛林·安德鲁等：《从地方政府管理到地方治理》，周红云译，《马克思主义与现实》1999 年第 5 期。

[法] 让－皮埃尔·戈丹：《现代的治理，昨天和今天：借重法国政府政策得以明确的几点认识》，陈思译，《国际社会科学杂志》（中文版）1999 年第 1 期。

[英] 托克·麦克格鲁：《走向真正的全球治理》，陈家刚译，《马克思主义与现实》2002 年第 1 期。

### 六　外文著作

Baker Tom and Jonathan Simon, eds., *Embracing Risk: The Changing Culture of Insurance and Responsibility*, Chicago: University of Chicago

Press, 2002.

Crime Reduction Research Unit Nottingham Polytechnic, *Safer Cities and Community Safety Strategies*, London: The Home Office Police Research Group (PRG) Paper No. 38, January 1992.

David P. Fidler, *SARS, Governance and the Globalization of Disease*, New York: PALGRAVE MACMILLIAN Houndmills, 2004.

FEMA, *A Whole Community Approach to Emergency Management: Principles, Themes, and Pathways for Action*, FDOC 104 – 008 – 1, December 2011.

Gerda R. Wekerle and Carolyn Whitzman, *Security Cities: Guidelines for Planning, Design and Management*, New York: Van Nostrand Reinhold Company, 1994.

International Risk Governance Council, *Risk Governance-towards an Integrative Approach*, IRGC No. 1, September, 2005.

International Risk Governance Council, *The Emergence of Risks: Contributing factors*, IRGC 978 – 2 – 9700672 – 7 – 6, 2010.

International Risk Governance Council, *Public Sector Governance of Emerging Risks*, IRGC 978 – 2 – 9700772 – 5 – 1, May, 2013.

J. Kooimaned., *Modern Governance, New Government—Society Interactions*, London: Sage Publications, 1993.

M. A. Miller and M. Douglass, *Disaster Governance in Urbanising Asia*, Singapore: Springer Singapore, 2016.

OECD, *Emerging Risks in the 21st Century: An Agenda for Action*, The Secretary-General of the OECD 92 – 64 – 19947 – 0, April, 2003.

Osborne, D. and Gaebler, T., *Reinventing Government: How the Entrepreneurial Spirit is Transforming the Public Sector*, New York: Plume, 1992.

Shotter, J., *Cultural Politics of Everyday Life: Social Constructionism, Rhet-

*oric and Knowing of the Third Kind*, Buckingham: Open University Press, 1993.

Terry Moe, *The Politics of Structural Choice: Toward a Theory of Public Bureaucracy*, New York: Oxford University Press, 1990.

UN-Habitat, *World Cities Report 2016: Urbanization and Development- Emerging Futures*, UN-Habitat HS/038/16E, May 18, 2016.

United Nations Office for Disaster Risk Reduction, *Sendai Framework for Disaster Risk Reduction 2015 – 2030*, the Third UN World Conference in Sendai, March 18, 2015.

University of Oxford, *Existential Risks: Diplomacy and Governance*, Future of Humanity Institute, January 23, 2017.

World Economic Forum, *Global Risks 2014*, World Economic Forum 92 – 95044 – 60 – 6, January 16, 2014.

World Economic Forum, *Global Risks 2021*, World Economic Forum 978 – 2 – 940631 – 24 – 7, January 18, 2021.

## 七 外文论文

B. Guy Peters, "Is Governance for Everybody?", *Policy and Society*, Vol. 33, No. 4, December 2014.

Mythen, G., "Employment: Individualization and Insecurity: Rethinking the Risk Society Perspective", *The Sociological Review*, Vol. 53, No. 1, February 2005.

Philip J. Cook and John MacDonald, "Public Security through Private Action: an Economic Assessment of Bids", *The Economic Journal*, Vol. 121, No. 552, May 2011.

Raschky, Pau, "Institutions and the Losses from Natural Disasters", *Natural Hazards and Earth System Sciences*, Vol. 8, No. 4, July 2008.

Williamson, Oliver E. , "Public and PrivateBureaucracies: A Transaction Costs Economics Perspective", *Journal of Law, Economics and Organization*, Vol. 15, No. 1, March 1999.

Wynne, B, "Risk and Environment as Legitimatory Discourses of Technology: Reflexivity Inside Out", *Current Sociology*, Vol. 50, No. 3, May 2002.

# 后　　记

　　此书源于我的博士学位论文。2017年从原国家行政学院博士毕业以后，由于工作繁忙，论文一直没有系统地进行完善。这些年来，我国公共安全和应急管理工作不断深化改革，国家公共安全水平不断提高，学术界和管理界相继推出了很多新的重要研究成果和工作成果。特别是自新冠肺炎疫情发生两年多以来，学术界、管理界以及全社会对公共安全的关注比以往更多，议题讨论更热，思考和研究也更深入。稳发展防风险，当前统筹经济社会发展和公共安全保障是一项极为紧迫和繁重的任务，也将是百年未有之大变局下我们面临的长期工作主题。我们公共安全和应急管理学术界能为这项工作做些什么呢？正是一直抱有这样的使命感和责任感，结合应对疫情给我们提出的新问题、新经验、新思考，对博士学位论文做了系统地完善，吸收了学界新的研究成果和管理界的新经验，完善了文章提出的风险所有权概念和理论框架。在这个基础上，希望这项研究能为在理论上构建中国特色社会主义风险所有权制度，在实践中推进公共安全工作提供一些有益参考和启示。那将幸甚至哉！

　　现在回顾起来，博士期间是一次真正的学术训练过程。想想那时博士生活既辛苦又幸福，虽然论文的写作是一次炼狱式的经历，但也是一次在自己喜爱的学术领域不断探索的美好旅程。传道授业解惑，深深感谢我的两位恩师：洪毅教授和佘廉教授。那时洪毅教授在担任国家行政学院副院长和中国应急管理学会会长，承担着繁忙的领导工作，但仍然十分关心我的学习和生活，经常见面谈心，抽出时间指导我的学习和论文写作。三年在他身边学习成长，一生受益。佘廉教授是我的学术导师。回首博士那三年，佘老师对我非常关心。在学术上耐心地引导我，不仅授我以鱼，还授我以渔。提供很多重要的学术机遇，带我参加了许多国家级课题，许多重要学术论坛，见了许多的学术前辈和同行，让我慢慢领悟到应急管理的学术之道。记得在博士学位论文的选题和写作过程中，由于我选择"风险所有权"这个比较陌生的主题，后期的写作过程十分艰辛。佘老师不断地鼓励我，耐心地指导我，从论文的理论观点到结构安排，从写作规范到语句表达，无一处不给予指导。他的坚定和鼓励让我能坚持研究下去，对风险所有权这一新的主题获得了一些基础性的探索和思考。在他身边，佘老师教给我的不仅有学术和知识，给我的还有如长者父辈的关心，教我做人的道理、工作的作风以及为人处世的品德智慧。自古难遇良师，遇到两位恩师是我的至幸。

感谢国家教育行政学院的领导和同事们。学院给我提供了很好的研究环境，同事们一直关心帮助，这几年的工作收获成长很多，都得益于他们的包容和支持。感谢学院学术文库的资助支持。感谢国家教育行政学院教育风险治理研究中心的支持。

感谢中国社会科学出版社提供的宝贵机会。感谢王茵副总编辑对拙著出版工作给予的关心和支持，从选题、立项到修改完善和出版，每一环节都悉心过问和指导。感谢出版社李凯凯老师的认真负责和辛勤付出，对论文提出了很多宝贵的建议，不辞辛劳地帮助校对和完善，向他学到很多。

三年博士学习和这部论文的写作，还要感谢那些指导我、鼓励

## 后　记

我进步的各位学界前辈和同行者。公共安全和应急管理学者有着天然强烈的公共责任感和使命感，希望能跨越时空和领域地开展交流和互动，共同为建设高水平的公共安全和美好生活做出努力和贡献。

郝富军
2022 年 5 月于国家教育行政学院